优·品·生·活

包立敏◎编著

优雅的社交礼仪

Elegant Social Etiquette

H.P.H 哈尔滨出版社
HARBIN PUBLISHING HOUSE

图书在版编目（CIP）数据

优雅的社交礼仪 / 包立敏编著.—2版.—哈尔滨：哈尔滨出版社，2016.5

ISBN 978-7-5484-2485-7

Ⅰ.①优…　Ⅱ.①包…　Ⅲ.①心理交往-礼仪　Ⅳ.①C912.1

中国版本图书馆CIP数据核字（2016）第037480号

书　　名：优雅的社交礼仪

作　　者：包立敏　编著
责任编辑：姚春青　尹　君
责任审校：李　战
封面设计：里奥设计

出版发行：哈尔滨出版社（Harbin Publishing House）
社　　址：哈尔滨市松北区世坤路738号9号楼　　邮编：150028
经　　销：全国新华书店
印　　刷：哈尔滨市石桥印务有限公司
网　　址：www.hrbcbs.com　　www.mifengniao.com
E-mail：hrbcbs@yeah.net
编辑版权热线：（0451）87900271　87900272
销售热线：（0451）87900202　87900203
邮购热线：4006900345　（0451）87900345　87900256

开　　本：787mm × 1092mm　1/16　印张：16　字数：150千字
版　　次：2016年5月第2版
印　　次：2016年5月第1次印刷
书　　号：ISBN 978-7-5484-2485-7
定　　价：45.00 元

在我们与他人的交往过程中，如何表示尊重、如何沟通心灵、如何融入秩序以及如何建立深厚的友谊？——这些都是社交礼仪存在的根本目的，也是人们在公共场合举止得体的根基。自如优雅地运用它们，以良好的教养示人，让他人感到赏心悦目的同时，也让自己获得成熟与自信。

Elegant

Elegant

优雅的社交礼仪

· 前言

我们早已远离了“鸡犬之声相闻，老死不相往来”的年代，不管你从事何种职业，有着怎样的性格，社会交往都是生活中必不可少的一部分。生活中我们扮演着不同的角色：别人的亲人、别人的同事、别人的对手、别人的顾客、别人的偶像、别人的陌生人……在不同身份标签下，我们要有不同的社交礼仪：亲切会晤、横眉冷对、暧昧亲昵、居高临下、恭敬尊崇……面对不同的人，处在不同的场合，怀着不同的目的，我们要表现出自己不同的样子，这是礼仪的粗浅解释。

从理论上说，礼仪是指人们在社会交往中由于受历史传统、风俗习惯、宗教信仰、时代潮流等因素影响而形成，既为人们所认同，又为人们所遵守，是以建立和谐关系为目的的各种符合交往要求的行为准则和规范的总和。我们可以简要地说：礼仪就是人们在社会交往活动中应共同遵守的行为规范和准则。

在历史长河中，礼仪早就产生并以神奇的力量约束着人们的社会生活，古代的帝王将相，无不用礼仪约束身边的臣子和家眷，以此来维护自己的统治地位。难以想象，在君王面前不行下跪礼的臣子，不称君王“万岁”的臣子会是什么下场。在古代的社交活动中，礼仪甚至成了一种制度、一种法律规范，而今天我们意识中的社交礼仪，指的仅仅是在人际交往中，以一定的、约定俗成的程序、方式来表现的律己、敬人的过程。

在实际生活中，社交礼仪涉及生活的方方面面：大到国与国之间的外交，小到待人接物的神态、动作。这些礼仪在社交活动中起着“润滑剂”的作用，潜移默化地改变着人与人之间的关系，推动着社会的文明和进步，从这种意义上说，社交礼仪也是生产力的一种。

社交礼仪是什么?

社交礼仪是一个人修养和素质的外在表现。没有人愿意和一个举止不雅、形象邋遢的人共处一室或促膝谈心。在公共场合，所有人都会对当众撒泼的那个人侧目，因为这些行为是不符合礼仪规范的，与周围的环境不协调，使他人感觉不舒服，给身边的人留下了低俗、自私的印象。同样，在人们的传统观念中，一个饱读诗书、阅历丰富的人更注重社交礼仪，他们的举止会更儒雅，形象会更出色，言谈会更得体。这样的人也更容易博得社会的认同，更大程度地展示个人魅力。

社交礼仪是社会普遍认可的道德标准。个人在社会交往中的行为和举止，都要受到社会道德的影响和约束，传统道德观念中的“仁、义、礼、智、信”也是社交礼仪中的重要标准——在一切社交活动中，与人交往的先决条件是平等，遵循“己所不欲，勿施于人”的原则，才能建立融洽的人际关系。

良好的社交礼仪要遵循哪些基本原则?

尊敬。在社交礼仪中，对他人的尊敬永远是最重要的。尊敬是一切社交礼仪的核心，也是一切社交活动得以和谐进展的先决条件。参与社交活动的人，要常存敬人之心，不可失敬于人，不可伤害他人的尊严，不可损人利己，不能侮辱对方的人格。

平等。世界充满了不同：地位的不同、收入的不同、形象的不同、境遇的不同、身份的不同、辈分的不同、职位的不同、年龄的不同……这些不同使人的角色自然而然分出了高低贵贱。但是拥有良好的社交礼仪的人，会漠视此种不同，对任何交往对象都一视同仁，给予同等程度的礼遇。从平等的立场上出发，任何社交活动都会显得更加游刃有余。

宽容。良好的社交礼仪需要我们宽容看待周围的一切。对与你交往的人要宽容，对发生在眼前的事情要宽容，对有损自己形象和利益的言语、动作都要宽容。斤斤计较、咄咄逼人的人，或许能够在社交活动中抢占有利地势，不过永远无法获得他人由衷的尊重。

真诚。诚信是商业准则，也是良好的礼仪表现之一。真诚无欺、言行一致、表里如一的交往，会让人际关系更简单，让交往中少一些猜忌和欺诈。社交活动的高效和运转顺畅有赖于人的真诚品格。

适度。古代哲学思想中有“中庸”的标准，社交礼仪中的适度与中庸类似，为了保证社交的成功，礼仪不能“过”，要把握分寸、适度得体。但是适度的前提是对社交礼仪了如指掌，对社交的各个环节中的各种尺度把握得当，这却并非易事。所以在适度的原则中，也允许人有自己的情绪和态度，要在适当的时刻表达自己的愤怒、声讨之声，只要不是采取泼妇骂街的形式就好。

在这些基本礼仪的基础之上，才可以更加细致、深入地了解生活中的种种礼仪细节，培养良好的礼仪习惯。如果在社交场合养成了这些良好的礼仪习惯，会让你的形象更具亲和力，会让你在生活中左右逢源，也会让你的职业生涯少一些磕绊和不愉快。相信良好的社交礼仪会指引你走上别样精彩的生活之路。

第1章 形象礼仪

着装风格不仅仅是一个人品位和内涵的体现，更是一种对周围的人和周围环境的尊重。所以着装风格应该是自我的，也应该随着社交场合的需要而变化。

第2章 生活礼仪

人的身体和表情一样，具有表情达意的作用。正确健康的站姿，代表着人的阳光个性和正直态度，在人生的每时每刻——面对空室也好，受万众瞩目也罢，用你的站与行的姿态来告诉世人，你的自信，你的娴雅，你的淡定与从容。

第2章 生活礼仪

人的身体和表情一样，具有表情达意的作用。正确健康的站姿，代表着人的阳光个性和正直态度，在人生的每时每刻——面对空室也好，受万众瞩目也罢，用你的站与行的姿态来告诉世人，你的自信，你的娴雅，你的淡定与从容。

第3章 商务礼仪

初次见面，如何打破陌生的坚冰？因为不了解对方的兴趣、喜好、习惯、目的，所以第一次谈话就比较艰难，不过初次见面也是考验你的社交能力的一道高难考题。

第4章 涉外礼仪

西方人面对别人的优点，会直白地赞扬，但是中国人讲究含蓄，“谦受益”是我们在交往中坚持的原则。当西方人夸奖一位中国朋友时，中国人表现出来的“谦虚”往往让直白的西方人难以理解。

第一章　形象礼仪

Image etiquette

着装风格不仅仅是一个人品位和内涵的体现，更是一种对周围的人和环境的尊重。所以着装风格应该是自我的，也应该随着社交场合的需要而变化。

着装风格随场合而变化

淑女篇

· 着装

着装风格不仅仅是一个人品位和内涵的体现，更是一种对周围的人和环境的尊重。所以着装风格应该是自我的，也应该随着社交场合的需要而变化。

没有人能在完全封闭的环境中工作，这就使外出时穿衣不得体的现象经常出现。有时还发生在那些对服饰搭配很专业且时尚感敏锐的人身上。某资深时尚编辑说："最近有一次我穿着仿麂皮大衣、羊绒毛衣和一条长裤出席一个聚会，原以为大家都会穿便装，但出乎意料，我的穿着过于简单，与别人格格不入，这使我感到非常尴尬。"可见，聪明女人也会为"穿什么"而困扰。相反，如果你是一个对自己的穿着放任自流的女人，就算你再有才华、性格再有魅力，恐怕也要被冠以流言蜚语。所以某时尚杂志说："一味标榜内涵而轻视门面也是肤浅。"

着装风格体现内涵

在西方很多国家，正式场合需要穿礼服，礼服又分为好多种，相同款式、颜色和质地的套裙被称为“常礼服”，长至脚背而不拖地的露背式单色连衣裙被称为“小礼服”，而袒露肩膀或深V领的单色连衣裙则是“大礼服”。正式场合穿礼服的习俗早已为我们所接受和采用。所以每一位出入写字间的女性，都应该有一套白天沉睡在衣橱中，只在夜间绽放的艳丽礼服。当然，时尚的脸色瞬息万变，这套“夜行服”一定要选择高档布料，并且不要掺杂太多的时尚元素，这样才能保证你在午夜的觥筹交错中不被误认为主人的阿姨。

如果你对自己的身材有足够的信心，旗袍也是社交场合中不错的选择。不幸的是，世上生得如张曼玉般身段的女人寥若晨星，旗袍会将你身材的优点和缺陷毫无保留地放大，所以穿着旗袍时要慎重。旗袍出现在正式的社交场合，长度应该保证过膝，某些旗袍长度虽够，但侧面开叉很高，自然也不适合。

如果腿部的皮肤和线条不是很美，不要忘了穿丝袜。选择丝袜的时候尽量选择透

明或半透明的冷色调长丝袜，袜口不应低于旗袍或裙子的下摆。如果是非常重要的场合，或者连续参加几项活动，记得带上一双备用丝袜，避免身上的丝袜出现破洞或脱丝的尴尬。

衣服和配饰看似抢占了大部分的视线，不过作为全身平衡的重点，鞋的选择起到了无声的决定作用。朋友对我说："鞋应该是全身服饰中最显品位的东西。"在正式的场合，特别是严肃的商务场合，鞋子应该是不露脚趾和脚跟的，当然，款式一定要是高跟鞋。色彩方面，所穿的鞋一定要与整体着装协调，一般情况下，鞋子的颜色要深于或不浅于所穿衣裙的颜色。如果对鞋子的颜色把握不准，那就穿黑色，这是保险色，也是最容易搭配的颜色。

配饰自然扮演着重要的角色

配饰自然扮演着重要的角色。因为正式的社交场合大家都尽量表现出着装的个性和光彩，这个时候全身有一处或几处闪光点，一定会增加其他人对你的关注度和好感度。在这里所讲的饰物主要指配饰，如包包、围巾、腰带、帽子、手套、首饰、手表等。饰物可以显示你的教养和品位，又能暗示你的身份和阅历，得体的饰物能与着装相得益彰，画龙点睛地彰显衣物的魅力，如果选错了配饰，轻则令自己的形象大打折扣，重则会让一个人的社交活动满盘皆输。包包在社交场合是每个人都需要的，也是时尚达人关注的重点。正式场合一定不要带冒牌的包包，小巧精致为妙。

腰带作为非必选配饰，如果运用的话，一定要注意与鞋子和包包在色彩和质地上的协调。正式场合需要佩戴首饰，但不需要佩戴太多的首饰，少而精，简而洁，不必炫耀。最典型的首饰要数戒指和项链，不过戒指也好项链也罢，都需要量力而戴，如果一只手上戴超过三枚戒指，也许就没有人愿意邀您共舞了。

着装的禁忌看似很多，其实只要颜色适合自己的肤色，款式适合自己的身材，并且对周围的人和环境表示出礼节性的尊重，就万事大吉了。不过有些着装 NG 镜头是不应该出现在正式的社交场合的，比如：

1. 尺寸过大或过小的衣服。太宽松的款式不会让你感觉太舒适，相反会让人认为你很随便，或者很孱弱。过小的衣服则更不可取，如果在上台阶或弯腰的时候把衣服抻开线，恐怕那一幕会给当天出席的所有人一个不小的震撼，以致若干年后人们再见面，还会谈及当年，毕竟给人留下这样的记忆是不愉快的。

2. 暴露。衣服的暴露程度给人的印象是一个抛物线，当暴露得恰到好处时，会吸引异性和同性的目光，也会获得更多展示个人魅力的机会。所谓“过犹不及”，当露到惨不忍睹时，相信周围的人会更愿意去夜店看钢管舞。着装带给人的美不应该变成对人的折磨。

3. 饰物泛滥。如果你嫁给了一位珠宝商，恭喜你，不过不要让自己的身体成为珠宝陈列馆，更不要让自己的社交形象承担着珠宝广告的作用。听说满清后宫里娘娘、妃嫔的头饰是很重的，但那是封建社会，没有人一定想在社交场合被晃得睁不开眼睛。

4. 制服、工作服、牛仔装、运动装、沙滩装、家居装。“衣着是你递出的第一张名片”，不要让这张名片有污渍或划痕。

颜色适合自己的肤色，款式适合

保持发质柔顺健康

·发型

无论是在社交场合还是在独处的时候，都要保持头发的干净和健康。独处的时候，一头清爽的头发能让你心情愉悦，思路清晰，自然也会神清气爽。在社交场合，就更不能蓬头垢面地出现。

洗发护发用品的广告铺天盖地，不过看了那么多，还是对飘柔的一则广告印象深刻：清秀的脸庞，一头干枯的长发，这样的一个女孩坐在靠车窗的火车坐椅上，无精打采的样子。列车启动，一位她认识的男士上车了，正在车厢里找座位。女孩没有想到在火车上会碰见他，于是急中生智，从包中拿出飘柔对头发作应急处理，正赶上火车通过隧道，车厢里暗了几秒，当火车从隧道钻出时，女孩的头发已经是柔顺光泽的另一番样子了。这样的她自信地和他打招呼，男子话外音："每次看见她都是这么漂亮。"

抛开广告产品的真实效果不说，广告创意中对头发的重要性作了强调。没有人作过调查，不过我们可以大胆地猜测，如果一百位男士被问到对女性发型的看法，回答喜欢柔顺长发的人会占绝对优势。同样的道理，没有一个女人会忍受与头发闪烁着油

不同的发型适合不同人的脸型

光、散发着汗味的男士共进晚餐。这说明即使你担当很重要的角色、为每个人做力所能及的事，也不会挽回头发带来的恶劣印象。

不同的发型适合不同人的脸形。一般情况下，圆形脸应该把头发侧分，长度不宜太短，至少应长过下巴，这样整个人显得棱角较分明，用左右两侧的不平衡综合一些可爱和甜美感。方形脸则要有圆形的发型与之相配，侧重于以圆破方，采用不对称的发缝和微卷起的碎发打破刚硬的直观感觉。脸形稍长的人要用头发来抑制无限拉伸的感觉，其实主持人李咏的发型就很好地修饰了他脸形的缺陷，卷曲的略长发型能让整个人充满活力，且减少了不少严肃印象。长方形脸还可以保留刘海，增加面部两侧的发量和层次。梨形脸的人并不多见，不过如果梳着上厚下薄的发型，脸型的苦恼就可以解决大半了。心形脸宜留短发，露出好看的前额，增加耳朵周围的发量。其实以上标准不仅仅适用于年轻女性，对男性、孩子和老人也同样适用。

同样是长发，不同的发色，不同的发型，甚至不同的梳理方法，会给他人完全不同的印象。在城市繁华的商业街上，偶尔会看到把头发染成黑色，烫成小卷的短发姑娘。往往这样的女孩也会穿着肥版的牛仔裤，系上金色腰带。看到这样的形象，你会想到什么？这是个年龄不超过十九岁的女生，或许已经不再读书了，对时尚非常敏感，追求个性，或许骨子里还带着强烈的叛逆。

出入政府机关的女性，大多会蓄短发，并且打理得一丝不苟，也许会染色，不过发色会很自然，自然的短发会让她的眼神烁烁放光。那么这样的发型给人的印象就是：她是一位干练的办事人员、机关领导，干练的短发会让她更精神，在公众场合的发言或者宣讲也更有号召力。

短发给人干练的印象

写字间里会有鬈发的年轻女士，她们有时候把头发挽起来，有时候散在肩上，大多会用深棕色或者棕黄色的染发剂，额上和耳际的头发有一点凌乱，走路或工作的时候会调皮地遮住眼睛……这样的发型是知性和智慧的名片，沿着这个思路想下去，或许还会发现她们懂得呵护自己，渴望爱，也会经营自己的事业和美貌。

如果是用劣质染发剂把头发染成黑色的女人，并且新长出来的头发里有稀疏的白发，那很可能是一位一心照顾家庭的中年主妇。如果看见谁随便地把头发扎在脑后，连头顶的发丝都没梳理平整，那很可能是刚刚起床。

从某种程度上说，不是你选择发型，而是发型选择了你。我的朋友是一名娱乐记者，由于工作需要，她要跑北京和上海的各种娱乐新闻，采访来自各地的明星、娱乐名人。她的那头蓬松柔软的卷发花了她不少银子，她说这是工作需要，这是出席发布会、演唱会时再合适不过的发型。当然，发型并不就是职业，也并不能完全代表人的性格。不过身处社交环境中的你，一定要为你的形象负责，为你的发型负责。

头发的禁忌有很多，谁也不愿意因为自己的头发，给身边的人一点点反胃的感觉吧。

1. 脏头发、头皮屑、凌乱发型。出门前要检查一下自己的头发，是否脏得像是黑色的拖布，是否有脱落的头发遗留在肩膀、衣服上。如果是黑色衣服，一定不要让两个肩膀落满“雪花”，更不要顶着一头凌乱的头发出门。

2. 太多的发饰。发饰的颜色应与衣服的颜色协调，不能插得满头都是发饰，更不能每个

颜色的发饰都有，这样完全没有美的感觉，你头上的东西或许会令别人目不暇接，不过获得的肯定不会是赞赏。

3. 两种以上颜色的头发。现在的理发行业推陈出新，染发的时候也有好多颜色可供选择，不过正式场合的发型不应该有两种以上颜色，除非你在参加染发剂的宣传或者走T台。还需要注意的是，如果是经常染发的人，要定期检查发根是否需要及时补染，头发的梢部是棕色或枣红色，而发根却是新长出的黑色，甚至掺杂几根白发，这对一个人的形象会有重大的打击。

·化妆

防晒、美白、保湿、控油、面膜、黑头、洁面、爽肤、眼部、唇部、毛孔、角质、祛痘、祛斑、过敏、抗老、精华、精油、隔离、喷雾、卸妆、底妆、唇妆、眼妆、腮红、睫毛……如果这些名词你经常想到或经常提起，那么可以初步确定你是一个对化妆有研究的人。其实化妆和美容一样，不能让一个人的形象发生质的改观，从心理层面上来说，也不能让一个女人变得幸福。不过门面是通向幸福的通道之一，“世界上没有丑女人，只有懒女人”——这是被说滥了的一句话，不过如果在化妆方面真的太懒惰，那也的确是对自己不负责任。

基础护肤是化妆的第一步，也是化妆的最低要求。也就是说，就算你对自己的长相很自信，就算你懒到每天坐在镜子前的时间不超过五分钟，都不要省略基础护肤。基础护肤是你的一笔长期存款，年华老去时才会发现它的重要。不同类型的皮肤应该选择不同的基础护肤品。干性皮肤要补水、保湿，油性皮肤需要控油，敏感皮肤在选用护肤品时要慎重，宜选择温和的刺激性小的化妆品。当然，有问题的皮肤则需要针对不同的皮肤状况进行调理。一般情况下，基础护肤的得力武器有洁面产品、爽肤水和乳液、隔离霜。如果是工作压力较大的白领，还应该定期做面膜。

完成了基础的皮肤保养，就可以出门了，也就能够应付大部分公众场合。不过光有基础护肤只能拿到及格分数，很多正式场合考验你的是更高一级的化妆技巧。而化妆技巧高明的女孩更愿意在生活妆上多作研究。

很多靓妹在化妆的时候不知道什么样的颜色适合自己，购买彩妆的时候也是跟着导购小姐走，她说什么颜色流行、什么颜色合适就买什么颜色，要么就是跟着自己的感觉走，喜欢什么颜色就买什么颜色。可是这样化彩妆，效果很可能会打折扣。建议化彩妆的女性，首先要找准自己的本命色。

如果你的皮肤是浅象牙色、暖米色，细腻而有透明感，眼睛像玻璃球一样奕奕发光，眼珠为亮茶色、黄玉色，眼白感觉有湖蓝色，那么你需要的颜色是黄色，选择红色时，以橙红、橘红为主。所以在选择眼影和腮红时，应该尽量向这一色系靠拢。

如果你的肤色粉白、乳白或者有小麦色，目光的整体感觉温柔，那么属于你的彩妆是水粉色的腮红、浅玫瑰色的唇彩。彩妆的色彩选择上，最好避免反差大的色调，适合在同一色系里进行浓淡搭配。

如果你有瓷器般的象牙色皮肤，焦茶色的眼睛，那么你需要成熟而华贵的彩妆。可以选择金色、苔绿色、橙色等深而华丽的眼影，最好要加上眼线。

如果是青白或略带橄榄色的皮肤，眼睛黑白分明，目光锐利，那么只有你才最适合使用黑、纯白、灰这三种颜色的妆容。也就是当下流行的烟熏妆，要强调眼部的深邃感，在彩妆上不要忽略睫毛的巨大作用。

不要以为把化妆的步骤一一走完就算成功，如果在化妆的过程中不强调重点，也没有自己的个性和风格，同样无法体现自己的品位和格调。化妆中的某些部位如果不加留意，就可能成为整个脸上的一抹败笔。如：

1. 太白的粉底。应该选择与肤色接近的粉底，如果粉底太白或用得太厚，就会有“浮”的感觉。粉底不可涂抹，应该用拍打的手法施上薄薄一层，而且要注意脸庞与发际、颈部的自然过度，不然会有“假脸”的效果，那可真是得不偿失。

脸庞与发际、颈部自然过度

烟熏妆，要强调眼部的深邃感

2. 无精打采的眉。眉毛是最好打理的部位，但如果修剪不当，会给人无精打采的感觉。电影《漂流欲室》中的女主人公，有一对微蹙的长眉，看上去特别阴郁，给人不好接近的印象。职业女性最好选择稍粗且眉峰稍尖的眉形，这样显得精明干练。

3. 油腻的唇彩。许多女人认为只要化了唇彩就算是完成了化妆。其实不然，化妆的重点在眼睛而不在唇，如果化了油腻的唇彩而眼部和其他部位的妆容却没跟上节奏，会显得俗气，油腻欲滴的嘴唇，也会让人反感。

一双好鞋会让你一天的生活游刃有余

·鞋袜

一位合适的伴侣会挖掘出你身上不为人知的闪光点，会带你走入不同的人生境界，同样，一双好鞋会让你一天的生活游刃有余，会让你的社交活动得体、左右逢源。

电视剧《流星花园》中的滕唐静说："每个人都应该拥有一双好鞋，因为这双好鞋会带你到最美的地方去。"鞋子如同爱人，这个道理已经被无数人引用过，也被无数人投过赞成票了。

每年夏天，我所在的公司都会组织一次旅游。这是不可多得的远离电脑、亲近自然的放松机会。同事们平日里都是皮鞋、西裤，这下可以穿上棉质T恤、运动鞋了，车上可谓一路欢歌。可是到了旅游目的地大家却有点犯难：行程里有漂流、爬山、乘船上岛，这样丰富的活动该穿一双什么样的鞋呢？经验丰富的同事准备了三双鞋：一双拖鞋，漂流的时候穿；一双登山鞋，爬山的时候穿；乘船上岛和平日里的休闲晚会，再穿上休闲鞋或运动鞋。在漂流的河上，看见有的游客穿着带有"对号"标志的运动鞋，鞋里盛满了水，只好脱下来光着脚走路；在登山的途中，也能看见穿着高跟鞋或人字拖的同事被远远地落在大部队后面，露出无奈的样子。鞋的功能与价值在这里体现得最为明显。

所以滕唐静的话应该改一改："每个人都应该有几双好鞋，这几双好鞋会在不同的场合带你到各种最美的地方。"当然，大多数时候，我们还是在皮鞋的颜色、款式上踌躇不定，毕竟，很多人生活在工作环境中的时间远远多于休闲和娱乐中的时间。

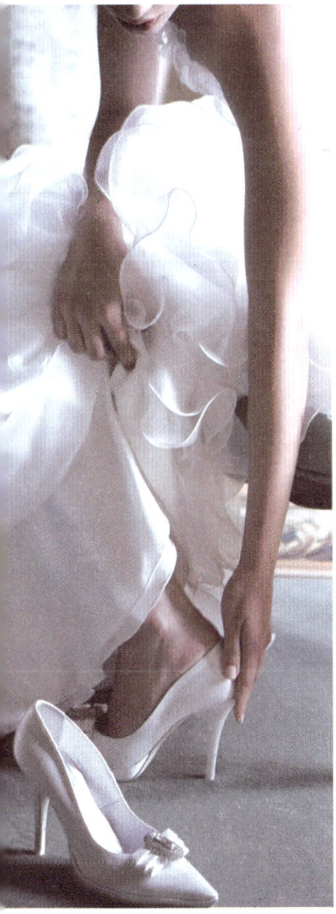

鞋跟的高度要适中

如果不是参加舞会或正式的谈判，没有人会苛刻地挑剔他人鞋的款式和质地。不过如果是对着装要求非常严格的单位或场合，还是不要穿着跑鞋去丢人现眼为好。在鞋的选择上，首先应该考虑社交场合的需要，然后应该考虑与服装的协调搭配，最后要考虑的是舒适度，这一点并不是最重要的，却是不能忽视的。

女士在普通的社交场合，除拖鞋式凉鞋、拖鞋、运动鞋外，穿其他任何一种款式的皮鞋均可，这一点并没有统一规定。不过要注意鞋的质地，不要选最便宜的鞋。与套装或晚礼服搭配的鞋子应该是纯皮质的，并且以牛皮为上品，同时，选择袜子时应该以纯色为主，有图案或花纹的都太出位了。鞋子在与套裙搭配时，对款式有一定要求，与套裙搭配的鞋子应该是高跟或半高跟的船式女鞋或盖式皮鞋，系带式皮鞋、丁字式皮鞋、皮靴、皮凉鞋等都不宜采用。袜子与套裙的标准搭配是高筒袜或连裤袜，中筒袜和低筒袜要远离套裙或晚礼服。

鞋跟的高度要适中。个子已经很高的美眉可以适当选择平跟或低跟的皮鞋，往往这样的选择更能体现自己在职场上的穿衣风格，获得意外的好评。

鞋袜颜色应该和谐。红袄绿裤的年代已经成为神话了，如今聪明的女人不再把自己打扮成色彩斑斓的花店，所以“红鞋绿袜”或者类似的搭配也要避免，鞋袜的色彩有很多特殊的要求，与套装搭配的鞋子，以黑色最为正统，鲜红、明黄、艳绿、浅紫色的鞋子或袜子最好都不要出场。袜子的颜色有肉色、黑色、浅灰、浅棕等颜色可选，多色袜、彩色条纹袜、红色及紫色的袜子一定要慎重穿搭，如果不能使搭配别出心裁，这样的袜子会被视为轻佻幼稚。

鞋的大小要适中。太大的鞋子走起路来会有拖沓的感觉，而且脚部会不自觉地用力，以使鞋子不掉下来，这样的话整个身体的动作会有一点僵硬，也影响正常的沟通交流。太小的鞋子就更不可取，所谓的“穿小鞋”的感觉大家应该有所体会，太小的鞋子起不了装饰作用，并且像一张长满牙齿的嘴……忍受不了的人可能会偷偷地把鞋脱下来，让脚暂时放放风，祈祷吧！但愿不会有人发现。

正式场合的鞋就像你的一张封面照片，给人的心理感觉是具有冲击力的。关于鞋袜的讲究也有很多，如果你不想做社交场合中的行为艺术家，以下的鞋袜穿搭方法就不要尝试：

1. 拖鞋、运动鞋或功能性鞋。功能性鞋能且只能在特定的场合穿着，如果把练瑜珈用的练功鞋穿到会议室，怎么看都不会舒服。

2. 拖鞋式凉鞋。在正式场合穿着不系带的拖鞋式凉鞋是不礼貌的。

3. 鞋、袜与服装撞色。“花枝招展”这个形象已经不适合职场了。鞋和袜的颜色要尽显“低调的华丽”才行。

4. 太大或太小的鞋。遭罪的是自己的脚，舒服不舒服外人是看不出来的，只有自己知道。同样的道理，如果鞋的肥瘦或力学结构不适合自己的脚，那么再漂亮也不要为了它而刷信用卡。

5. 低档的鞋。鞋子要穿好，并不是说价格标签上一定要有几位数，不过仿制的鞋或做工不够精良的鞋，或许会让你遭遇意外的尴尬。

鞋的大小要适中

不同的饰物突显不同的个性

·配饰

夏季燥热的夜晚，工人体育馆，全北京的时尚潮人们都聚集在了这里，为着这一场激情蓝色派对——席卷全球的瑞典单身戒指在这一天正式落地中国，关于单身戒指的中国官方网站也在这一天正式开通。单身戒指的设计师是 Johan，一位 CEO，单身戒指是他灵感绽放的结果，理念是把单身的 ID 戴在手上，随时随地期待与另一只单身戒指的美丽邂逅。两年前，Johan 在斯德哥尔摩的晚宴上遇到了一个女孩，两人开心地聊了起来，却都同时觉得在这个年代，要能分辨出谁是否单身，实在太困难了，直接问肯定会很尴尬。由此，Johan 想到：既然已婚的人可以大方地戴着婚戒，为什么单身的人就不能有专门属于单身者的戒指，来表示自己的单身状态呢？如果彼此知道对方是单身，就可以自然地交谈，这不是太美好了吗？所以，将单身戒指戴在手上，或者穿在链子上当项链戴，甚至可以把它挂在包上、手机上。全球的单身戒指佩戴者都将有机会在路上、咖啡厅、机场、火车上，在世界的任何一个角落，与单身者展开一场有趣的邂逅与交谈！

多样的配饰让着装更加灵动

非常漂亮的戒指：湛蓝玻璃纤维接合在纯银戒环上，弦形缺口象征对新朋友或者新浪漫关系的开放态度。每只单身戒指都有独一无二的全球编号，比如：0004470 Made in Sweden。

拥有这样一件炫酷的戒指是不是所有单身男女的梦想呢？其实饰物是在蓝色、黑色的工作装中，最容易出位的物品，也是最能代表个性的物品。所以聪明的人擅长利用饰物彰显个性、表达感情，也让自己与芸芸众生相区别。

传统观念中，戒指更重要的表意功能是“我已婚”，所以戒指的佩戴就有讲究。除了戴在左手小指上的“单身戒指”外，戴在不同手指上的戒指传达的信息是不同的，比方说，左手食指上的戒指代表无偶求爱，戴在中指上代表正在恋爱中，戴在无名指上，表示名花有主，已订婚或已结婚，生人勿近。而把一枚普通戒指戴在小指上，则表明自己是位独身主义者，不想找男（女）朋友，也不想与异性朋友发展感情。在不少西方国家里，未婚女子的戒指是戴在右手的中指上，修女则把戒指戴在右手的无名指上，这意味着把爱献给上帝。一般情况下，一只手上只能戴一枚戒指，戴两枚或多枚都是不合时宜的。

其实饰物可不仅仅只有戒指一种，只不过戒指所承载的爱的意义更重大一些，所以关于戒指佩戴的讲究也比较多。手镯和手链的佩戴方法类似，已婚者一般将手链或手镯戴在左腕或左右两腕各戴一个。原则上，一只手腕上不能同时佩戴两个或两个以上首饰，不过这个观念如今已被颠覆了，流行趋势是这样：把两件腕饰同时戴在一只手腕上更漂亮，甚至还可以把手链和手表戴在同一只手腕上，环佩叮当的，别有一番风味。

包袋的款式、面料和尺寸要取决于不同场合的需要。小巧精致的用于正式场合，而偏大结实的样式则适合通勤或者出差时使用。包袋的颜色要与服装相配，如果追求眼前一亮的效果，想选用颜色突出的包包，那就让自己的衣服别太正统，别太刻板。

携带包包的时候还要注意一点，不能把包包塞得太满，看上去鼓鼓胀胀的，那就一点美感都没有了。

不同色彩、不同形状的围巾也是不错的配饰。一般情况下，明黄、大红和玫瑰色的围巾能打破沉闷颜色带来的窒息感，应该系在黑、白、米色上衣的外面，丝绸围巾的功能主要是装饰，所以丝绸围巾的打法也不少。其实冬季用来御寒的棉、毛围巾也能起到很好的装饰效果，越来越多的职业女性喜欢这种实用又大气的棉质、毛质围巾来中和太“公事公办”的形象。

腰带的颜色应与裙装的颜色相似或相同，一般情况下，黑色或白色的腰带更多地出现在正式场合，而彩色腰带则适合更活跃的人群。如果穿着一件沉闷的长款外衣，适当地加一条装饰性的腰带，会让整个人从视觉上舒适起来，是挽救形象的妙计。

脚链、发卡、胸针等配饰也需要慎重选用，尽量要让自己的配饰成为全身的一个亮点，但是不要让它成为累赘。

配饰禁忌：

1. 集不同风格的配饰于一身。豹纹配饰有小小的野性情感，丝绸配饰则显示高雅气质，水晶、蕾丝则带有纯洁的气质，如果让这些配饰分布在身体的不同部位，会让人摸不着头脑。

2. 规模庞大的配饰。小巧的女孩要注意，不能围太厚太长的围巾，也不宜戴太大的戒指，如果配饰的规模太大，容易让人联想到人的承重量问题。

3. 许多天只戴一种配饰。跟几天不换衣服一样，就算你再爱那个饰品，也不要天天戴着它，让人对配饰印象深刻是好事，但却不能让人产生审美疲劳。

西服已经成为每一位职场绅士的首选

绅士篇

· 西服

即使不在办公室上班，男士这辈子也是离不开西服的。生活中总有一些特别的场合需要穿上正式的西服。

西服有“全套”和“半套”两种不同穿法，两种穿法应该在不同的场合发挥作用。

参加别人的婚礼，或者出席公司的重要会议，需要穿上全套西服。参加婚礼时穿全套西服是对新人的尊重，也能表达出对婚礼仪式的尊重，诚心祝贺新人百年好合。出席公司的重要会议或重要的晚宴，需要让自己看上去精神饱满，全套西服能让职业精神和紧张状态统一体现。

半套西服适合进退皆宜的轻松场合。如果所参加的餐宴不是那么隆重，穿半套式西服去赴宴，是个让自己轻松却又不会失礼的好办法。如果对自己的打扮没有把握，建议随身携带一条领带或领巾，领带或领巾当然要与长裤同色，当你发现所要出席的场合远比想象中更严肃时，备用武器会派上用场。

不同身材的男士，在选择西服上要留心，不要让西服把你的弱点无限放大。

身材稍胖的男士在选西服时不宜过长，如果穿套装，最好色彩不要太鲜艳。而身材稍矮又偏瘦的男士适合穿收腰的西服，但是在穿着的时候应该注意，上衣的长度不宜把臀部全部盖住，这样会显得更矮。身形矮瘦的男士还不要穿黑色、藏青、深灰色等深色调的衣服，以浅灰色等亮色为好。

瘦高型的人，尽量买双排扣的西服，因为这类衣服纽扣的位置较低，穿上后可以显得他们的身体不那么单薄。而且最好选大宽格的西服，颜色也不宜过深，要以浅色系为主。而若是高胖一点的人，最好的颜色以黑色、藏青色为主，单排扣，宽松式，如果选择带花纹、条纹、格子等西服，最好别太醒目。

身材粗壮的男子最适合单排扣上装，但尺寸要合身，可以稍小些，这样能突出胸部的厚实，但要注意掩饰腹部，注意随时扣上纽扣。魁梧的人应选用深色衣料，避免用浅色衣料。

身材粗壮的男子最适合单排扣上装

购买西服的注意事项：

购买西服时一定要注意两点：做工和质感。做工方面需要检查线迹、手工和夹面，一定要注意察看西服口袋两条开线条是否一致，上袖处有无褶皱，如果是条纹或格子西服，则要看这两处的条格是否对称。质感和颜色方面，通常耐穿的西服都有很好的质地，比如纯毛或半毛，最稳重的颜色多为藏青或灰黑色，其他如咖啡色、深棕色都不太适合正式场合穿着，建议只选购一两件就够了。

买西服一定要试穿，试穿时一定要将全部的扣子都扣上，看看肩膀是否吻合，然后将手臂抬起、放下，弯弯手肘看会不会出现褶皱紧绷的感觉。西服试穿时，最好还要做一个伸展运动，这样可以看出一些问题，背部太紧、缝线太紧或太松都不合适。

西服对于男士形象来说至关重要，在见面的前三十秒，西服的颜色、质地、款式等信息会一一给对方留下印象，所以男士不要在西服上露出马脚。

1. 不穿带商标的西服。新买的西服，在穿到正式场合之前，一定要把商标拆下来。就算那个商标所象征的价值和身份很值得炫耀。

2. 中山装虽然不是正统的西服，不过也会出现在正式场合。穿胸前有两个口袋的中山装时，不要解开其中的任何一个纽扣，至少站着的时候不要解开纽扣。

3. 不买廉价的西服。如果自己的钱只够买一套价格不菲的西服，懂得穿衣之道的男士会选择买一套高级西服，而不考虑拿这些钱去买三套廉价的西服。

4. 不在西服的口袋里装太多东西。尽可能不要在西服的上衣或裤子的口袋里装太多东西，比方说钱包、钥匙、卡片等，以保证西服裤子的垂感，同时避免口袋处的褶皱和磨损。

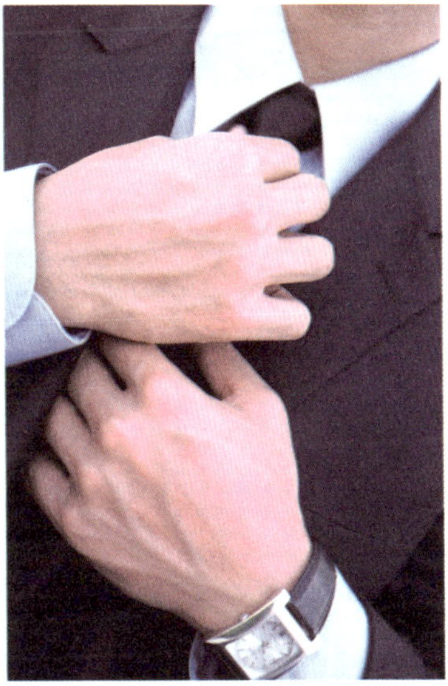

买西服一定要试穿

· 衬衫

无论是冬天还是夏天，在写字间里，男士都习惯脱掉外套以衬衫示人。所以想做一个时尚男人，千万不要忽略衬衫的作用——看似不起眼的衬衫，会在无形中透露出你的生活品位。

工作日的衬衫要自信

工作日占去了我们大部分的时间，因此，工作日穿着的衬衫要以简单的款式与舒适的面料为重，老板希望看到的你，是一个清爽自信的人。

工作日里，建议选择蓝色、深蓝色、灰色或银灰色的衬衫。白色衬衫，给人的印象是稳重；而蓝色是一种沉静的颜色，穿上蓝色的衬衫，会给人一种一切工作尽在掌握的感觉；深蓝色是比较适应亚洲人肤色的衬衫色彩；灰色或者银灰色能体现整洁、

白色衬衫，给人的印象是稳重

在周末，衬衫的选择可以随意一些

柔和、雅致的感觉，在工作日里穿着，会给人一种与众不同的文雅效果。

职业化的衬衫也要有职业化的面料。优质的纯棉面料能保持你一整天的舒适。纯棉面料不仅能让你看上去更在工作状态，身着纯棉衬衫的人自己也会感受到动作自如，因为棉质布料具备手感柔软、吸水透气、无静电反应等众多优点。

工作日的衬衫中，铅笔条纹是男士的宠爱之选。铅笔条纹更细、更直，似用铅笔画出。选择这样的条纹图案，除了能修饰身材，还给人精明干练、逻辑思维强的感觉。

周末的衬衫要随意

懂得生活的人，一定懂得享受假日的阳光。抛开所有工作压力，穿上一件能够从容享受海风和阳光的衬衫，会让你的周末之旅更潇洒。

在周末，可以选择明快、充满希望之感的浅黄色衬衫；如果你要去郊游的话，海蓝或者藏青色衬衫能阻挡紫外线侵袭。因为是休闲装扮，所以咖啡色、褐色、红色、粉色都可以作为备选颜色。

面料：舒适的纯棉面料仍然适合休闲的主题，不过牛津纺面料的衬衫更适合户外或者登山，这种面料更厚实，保温性能也更好。

休闲日里的衬衫，可以选择略夸张的条纹，也可以选择带有贵族休闲气息的

舒适纯棉的面料契合休闲的主题

苏格兰格子。这种图案的格子间距宽大、色彩丰富，仿佛能从中嗅出英国乡村芬芳的泥土气息。周末的衬衫不拘一格，各种随意的图案和色彩都可一试，总之让男士看上去更阳光、更自信就好。

晚宴衬衫要绅士

红酒、烛光的映衬之下，衬衫的选择也要别具匠心。

真正能在晚宴中夺人眼目的衬衫，颜色为嫩黄、粉红或纯蓝色。因为这三种颜色不仅具有温婉、典雅之感，更表现出皇室的尊贵气质。

经过精挑细选的棉花，在严格的生产监督下织成的面料，可以让成品全棉衬衫看起来就像丝质一样柔软，当然，丝质衬衫也不算过时。

晚宴衬衫一定要选择纯色。如果你对自己的形象气质没有绝对自信的话，千万不要轻易穿上有花纹的衬衫，在晚宴的红酒陪衬之下，衬衫的花纹会让自己看上去像一个花篮。

在衬衫的选择上，很多男士容易走上歧路。因为与其他彰显身份的服饰相比，衬衫似乎无足轻重，正是这种不经意的搭配和选择，才更容易暴露你形象上的漏洞。

1. 与整体风格不搭的衬衫。穿休闲衬衫时不要忘记搭配卡其布、细帆布等相同休闲风格的裤子以及休闲鞋。

2. 与肤色冲突的衬衫。皮肤黑黄的人穿绿、灰色调的衬衫会显得更黑、更黄，或多或少给人一些脏的感觉。皮肤白皙的男士穿亮丽色调的衬衫能将皮肤衬托得更白皙，不过使用不当往往会使男人显得太女性化，缺少阳刚之气。

3. 小方领衬衫并不适合所有人。胖人穿小方领的衬衫会显得拘泥、局促，应该选择尖领衬衫。

4. 花衬衫加上大量金银饰品。穿花衬衫时一定要避免戴大量的金银饰品，别人会以为你是一个摆地摊做买卖的小暴发户。

衬衫的颜色要与肌色相协调

得体运用小饰物，成为搭配达人

· 配件

鞋袜、领带、包、腰带、手表是一些时常出现在男士身边的小物品，正因为它们的“小”，就更容易被男士们忽视，不过要想真正做一个搭配达人，这些小物品的统一可不能含糊。

鞋袜

在办公室展现的都应该是大方、美观的正规皮鞋。朝九晚五的工作模式下，最好备有两双正式的皮鞋。颜色以黑色、暗黑色、棕色为主，休闲风格的皮鞋也应该备上一双，这样出席双休日的朋友聚会才不会显得过于刻板。另外，皮鞋需要定期擦拭和保养。

日常生活中，我们常常会看到鞋袜搭配失败的男士：坐着或弯腰的时候，在西裤的裤腿和西装皮鞋之间露出来一截雪白的棉袜，白色和浅色的纯棉袜是属于便装一类的，应该用来搭配休闲风格的衣裤和便鞋，在西裤和正装皮鞋之间露出浅色棉袜，总会给一种人不伦不类的感觉。

袜子一定要选择没有花纹的。其实，袜子更要穿出品位，它既能让你拥有把美丽

选择大方、美观的款式

进行到底的精致完美，也能泄露你的秘密。穿得很正式的时候，一定要穿上深色的西装袜，标准西装袜的颜色是黑、褐、灰或者藏蓝色，款式以单色和简单提花为上，质地多是棉或弹性纤维。对于男士来说，好的袜子吸汗透气，同时松紧适度。

领带

在整体的形象中，领带不能太显眼，如果领带个性分明，保守的人就会选择无花纹的，或近似没有花纹的西服相配。

有花纹的领带要与衬衫和西服搭配，需要花一点心思。其实说起来也简单，就是条纹搭配条纹，格子搭配格子，圆点搭配圆点。虽然不同几何图案的对撞有时也能产生意想不到的视觉效果，但如果想保证不出错、不被别人笑话，还是遵循这条简单的规则吧。

有创意的男士以领巾代替领带。若想成为餐宴中的目光焦点，不妨让领带休息一下，改以领巾登台亮相。只要选择得当，领巾的巨星气势会比领带抢眼许多。建议你选择与衬衫呈对比色的领巾，并且领巾图案的颜色，要有局部颜色和西服颜色相同，才能达到相互辉映的效果。

包

男士包的风格乏善可陈，尤其是可以出现在正式场合的，只有几种类型。不过绅士如果想让自己的背包或者提包也吸引他人的眼球，可以尝试以下几种类型：

复古包。男士旅行包的流行关键词就是复古。复古包的共性是都拥有棱角和一个富有雕塑感的外观。一般都是用很硬的皮革制作，与其说是包，倒不如说像个小箱子。出行时背上这样一款包，光彩顿增。

细节感包。如果你的男士拎包充满了女性化的细节——皮面上有细腻的编织细节，打破了大多男包的长方造型，在形状上大大出位的 sharp 形象，一定能赢得女性的好感。

长肩带包。如果你想找一款软皮的巨型包，那一定要看看它是否有一条长长的肩带，这条带子的长度直接决定了包的时尚指数，对于男士包来说，长长的肩带成为流行趋势，斜挎着大包招摇过市，醒目标签绝对是属于你的。

可折叠型手包。其实这种包的本质就是单肩挎包，只不过后来经设计师的改良后，在款式不变的情况下，把包折起来用。

鞋袜、领带、包、腰带、手表是一些时常出现在男士身边的小物品

腰带

就算你不是一个完美主义者，你也一定听过这样的话：“小细节足以坏了大场面。”男性同胞除了穿一双又脏又黑的白袜子之外，还有一个细节足以让你颜面尽失：腰上系条金光闪闪、奇怪品牌 logo 的腰带。

掌握男士腰带搭配技巧，可先从腰带和鞋组合入手。黑色的鞋一定要配上黑色的腰带，棕色的鞋一定要配上棕色的腰带。这是腰带使用的基本准则。

如果你是一位追逐时尚的男士，身体其他部位有金属褡裢、缝线、皮革装饰，那么你的腰带要以深褐色为主，这不是为了深沉，而是为了衬托整个形象的活力。

不起眼的腰带扣也不可轻视：腰带扣若是银色的，袖端露出的手表也以银色的为佳，表带与皮腰带最好是同色系。多备几块手表或许不易，可是多准备几款不同材质和颜色的表带应该不是难事，视心情或装束替换表带，男士的生活也会增添几分情趣。

手表

相对于身上的服装来说，手表在举手投足间的闪现，除了与服装相呼应之外，它能更增加人的自信与气质。一个戴手表的人与一个不戴手表的人，是两种完全不同身份的人；而一个会搭配手表的人与一个不会搭配手表的人，则是两种不同品位的人。

一款上好质地的皮带正装表会永远散发着一种优雅成熟的韵味，无论在办公室还是正式的商务场合都会和环境显得很和谐。

尺寸和颜色是你需要注意的问题。首先是尺寸，高大健壮的体型不适合戴尺寸过小的手表，反之亦然。同样的，庄重、结实的表壳与正式的西装衬衫是最好的搭档，而相对纤薄的表与丝绸、天鹅绒等闪亮光滑的衣料搭配效果较好。

其次是颜色，无论表盘还是表带，它们的颜色都要与你的肤色和衣服的颜色能够相互陪衬。肤色较黑的男士应该远离灰色、浅褐色这类会使你的皮肤看起来很脏的颜色，而拥有白净面貌的先生们，搭配时就相对可以随意一些。

第二章　生活礼仪 Elegant

Life etiquette

人的身体和表情一样，具有表情达意的作用。正确健康的站姿，代表着人的阳光个性和正直态度，在人生的每时每刻——面对空室也好，受万众瞩目也罢，用你的站与行的姿态来告诉世人，你的自信，你的娴雅，你的淡定与从容。

娴雅的肢体语言

言谈举止

·站与行

人的身体和表情一样，具有表情达意的作用。正确健康的站姿，代表着人的阳光个性和正直态度，在人生的每时每刻——面对空室也好，受万众瞩目也罢，用你的站与行的姿态来告诉世人，你的自信，你的娴雅，你的淡定与从容。

《红楼梦》中对女人静立的体态有最美的描述——“如娇花照水”，行走时的轻盈摇曳则“如弱柳拂风”。在生活习惯中逐渐养成的举手投足的方式是社交礼仪中最基本的要素，也是在社交情境中备受关注的细节之一。养成良好的站立与行走习惯，并非一日之功，甚至与个人的自然条件有关，身高、体重、身体比例、骨骼的发育状况等等，都会影响到站姿与坐姿优雅与否。但是我们这里探讨的，不是改变“受之父母”的身体发肤，而是通过刻意规范日常的站立与行走，使自己养成习惯。

以前在某本杂志上看到一位演艺明星和一位体育明星的“撞衫”照，大概是参加同一场社交活动。同样的摄影师，同样的光影技术，同样的背景，甚至连两个人所站的位置都是一样的，当然，两个人穿着同样一款烟蓝色精心剪裁的长裙，但是效果却是不同的。或许是演艺明星熟稔拍摄角度和站立技巧，照片上的她俨然一位温婉又不失凌厉的女子，腰背挺直，颈部有好看的线条，双脚略呈“丁”字；而那位体育明星却不能让自己的站姿与那条烟蓝色的长裙相得益彰，整个身体显得很刻板，笑容再灿烂也无法让人想到“优雅”这样的词汇。

站姿是人的静态造型动作，是其他人体造型的基础和起点。站是一件很容易的事，也是一件很不易的事。正确健康的站姿，人的脊椎骨呈自然垂直状态，身体的重心应置于双足的后部，双膝并拢，收腹收臀，直腰挺胸，双肩稍向后放平，梗颈，收颏，抬头，两臂自然下垂置于身体两侧。但笔者认为这样的站姿标准更适合将领或者士兵，作为生活中普通的男男女女，站立时无须考虑那么多条条框框，也不用把自己搞成临战状态，只要保证挺胸抬头，神态平和，没有多余的让人看着不舒服的小动作就可以啦。

如果您不是一位女军人，在站立时可以忽略上文的大部分准则，没有哪位女孩想让自己站成“强悍”的 LOGO，女性要形成良好的站姿，要杜绝以下习惯：

站姿是人的静态造型动作

1. 小动作。无论你是排队等待，还是向领导汇报工作，是宣讲自己的策划案，还是静静地临窗远眺，都不能摆弄衣角、头发、手机挂件，这种小动作传递给他人的信息是：你没有自信心，你心不在焉，你很拘谨，你有一点点不安。

2. 双手叉腰或环抱在胸前。电视剧里的孕妇有一个集体标志性动作，那就是双手叉腰。生活中这个动作的意思是，你发怒了。如果你没有向对方挑战的意向，千万不要叉着腰站在别人面前。同理，双手环抱在胸前也给人傲慢和不可亲近的印象。

3. 过于随便。汉字书法讲究“横平竖直”，同理，站立的时候不能随便倚着墙或门框，使身体倾斜，或双脚叉开距离过大，甚至把重心放在一条腿上，另一条腿随意地抖动。导演李安曾经因章子怡站立的姿势不优雅，而要她练毛笔字矫正姿势。李安还说如果女星站着也摇头晃脑，在拍古装剧的时候，会让他很头疼。

行走的习惯能体现一个人的社交态度。有这样一个笑话，说美国人行走在世界的任何地方时，都好像他拥有脚下的土地，而英国人走到哪，似乎都根本不在乎谁拥有脚下的土地。

良好的行走姿势，要在迈步的过程中保持身体笔直，端肩抬头，手臂和腿的摆动幅度适中，双脚笔直向前。有人总结了外出防止被偷或者被抢的方法，其中有一条就是走路不宜太慢，并且要昂首挺胸，高抬腿，给人一种活力四射精神饱满的印象，这样被偷或被抢的概率会大大降低，罪犯面对这样的行走姿势会退避三舍，而且这样昂扬的精神状态还会给朋友和客户留下果敢、可信赖的印象。

在社交场合中，行走的忌讳也有很多，不要让这些瑕疵破坏了你在社交领域中的完美形象。

1. 拖着鞋走路。噪声扰民还在其次，更主要的是容易让人做出“出身行伍”的直观假设。

2. “大摇大摆”地走路。手臂会碰到其他的行人，在比较窄小的路上还会挡住其他急行的人，在楼梯或电梯口突然停下来还会发生危险。如果你的前面有三五个人拉着手大摇大摆地走路，你也一样会有抓狂的感觉吧！如果我是你的朋友，我也会躲你远远的，并且羞于承认认识你。

3. 无精打采。即便遇到了一百件不开心的事，前途一片晦暗，觉得了无生趣之时，也不要缩脖弯腰地走路，生活中总会有一个出口，你需要抬头去找到它，而不是瑟缩给别人看。

坐，是一种姿态，更是一种态度

· 坐

我们不能把坐简单地理解为休息。坐是一种工作的姿势，也是一种生活的态度。所以坐应该舒服，但不能随意。

相亲归来的卫卫，一直坐在我对面摇头。我问了一下相亲对象的自然情况，觉得堪称完美了，不过她还是不停地摇头。后来开始问到细节，她说对方是消防队员，个子高高的，骨子里有一股男人的霸气，边喝咖啡边说话，相谈甚欢，衣着也得体，眼神也够迷人。可说了这么多，卫卫还是一直在摇头，想不出到底哪里出了问题。我说你是不是面对他的时候有点自卑啊？她说不是，相反，心里倒有点鄙视。她沉思良久后，豁然开朗，说，我知道了！问题出在他的姿态。他坐在那里，整个身体都陷在沙发里面，分开的两条腿有一条在不停地抖！对！就是抖腿的这个动作，让我不能容忍，也让我心生鄙夷。

结果自然是相亲无果，卫卫不无感慨地告诉身边的每位待嫁密友：相亲时一定要观察他坐姿中的小动作，一个人的谦卑或者傲慢，全在坐姿里。

这件事有点夸张，当然一个人坐成什么样子大多出于习惯，并不能代表本人的个性、修养、学识、品性等一切一切。不过良好的坐姿会对一个人产生潜移默化的影响，其实道理很简单：喜欢把上衣挽起来，露出大肚子，穿着短裤坐在大排档里的人，和习惯面对着笔记本电脑，静坐在星巴克落地窗下的人，你猜他们各自在想些什么?

我们不能把坐简单地理解为休息。坐是一种工作的姿势，也是一种生活的态度。所以坐应该舒服，但不能随意。首先是坐的位置的问题——任何座位都不能坐得太深或太浅，坐得太深，整个人的重心就会移到座位后部，这样给人的印象是没有倾听的状态，也没有沟通的欲求，而且这样坐着你不知道该把两只手放在哪里，双腿也容易因为失去控制而摆放得很难看。坐得太浅也一样不行，如果只搭在椅子的边上，会让人觉得你在恐惧什么，你没有让自己进入交谈状态，或者你很紧张，随时都准备离开。更为重要的是，坐得太浅容易“走光”，本来就显得战战兢兢的你，更不希望对面有眼光在你的双膝间游移吧……

坐姿和站姿一样，反映出气质和精神状态的主要是背部。就算很疲倦的时候，也要保持坐姿的端正。正确的坐法是：腰背挺直，手肘不贴身体，与侧面的人谈话时，要略微将身体也侧过去一点。

双腿是坐姿中最容易出问题的部位。尤其是女性，在穿裙子的时候更要对自己的双腿加万分小心。小学时的一张合影，现在翻出来看见邻家小妹的坐姿还是会流汗：

良好、健康的坐姿需要学习

全班的合影，穿短裙的她两腿微微叉开了。照片出来的效果相信大家都能想象出来，人手一张的照片，事隔多年，邻家小妹已经出落成时尚女孩的样子，不过当年的照片还是让同学们无语，她自己也觉得当年的那一幕不可理喻。坐下来的时候，不要将双腿的重量全部放在椅子上，这样并排的双腿会显得很臃肿。双腿要保持自然放松，传说中的“二郎腿”要慎重跷起，保守又保险的双腿摆放方法是这样：双腿自然并拢，并向一侧倾斜，倾斜的同时，双脚的位置可以一前一后，这样既能缓解久坐的乏力，又能展现知性、优雅的女性坐姿。

一定要管住自己的手！恐怖分子公布的视频录像中，手、脚和眼神的小动作警方都会作细致的分析。因为通常情况下，人在坐着的时候，手和脚的细微动作能体现他的内心想法，再配合他说的话，就能发现人的心理状态，以及犯罪的蛛丝马迹。社交场合的坐姿，手的动作也要规范。不能挖鼻屎，抠耳朵，也不能用手拨弄自己的头发。

落坐的一瞬间也要小心。首先要看清所坐的座位是软席还是硬席，这样坐下的一瞬间才不会陷下去，也不会有生硬的一顿。看好了再坐，如果椅子是歪的，要先用手把椅子扶正，千万不要先坐下去，再用整个身体蹭的力量把椅子摆正。

坐姿需要学。曾经和同学一起参加一家民营企业的面试，当时我们每个人都有机会面对人力资源主管交谈，回来的路上我们就在品评谁坐着的姿态最好看。结果我们公认坐姿最漂亮的同学被录取了。以后我也会在社交场合，不自觉地模仿那位同学的坐姿。坐姿中的不良习惯有很多，可能自己当时并未在意，却在无形中给他人留下了不好的印象。

1. 弓腰驼背。
2. 跷“二郎腿”。
3. 双脚或双膝叉开。
4. 坐得太靠后，把整个身体都陷在沙发里。
5. 僵硬的坐姿，浑身像被冷冻了一样不自在。
6. 走光。
7. 抖腿。
8. 手不知道放在哪里好，一直有小动作。
9. 不停地调整坐姿。
10. 自己不舒服，别人看着也不舒服地坐着。

正确的蹲姿为整体加分

· 蹲

蹲的动作并非社交活动中的常见动作，不过懂得随时展露自己魅力的人，能够在蹲下的瞬间让人对你心生好感。

蹲姿是常见的一种姿态，如站久了、累了一般都会用蹲姿缓解一下，不过在办公室等刻板的场合，蹲的姿势却并不常见。所以如果迫不得已，需要在众目睽睽之下做下蹲的动作，就一定要小心要领。真正在行为举止上讲究的人，不仅会在待人接物这样的社交礼仪中得体大方，就连一些“自选动作”也会从容儒雅，比如说蹲下捡起地上的东西、小跑去办一件紧急的事情、吃又油又肥的鸡腿、摔倒时从容地站起来……

你一定在大街上看过这样的姑娘：打扮很时尚，低腰牛仔裤加上短款彩色 T 恤，为了系鞋带，或者捡起某样东西，她需要蹲下来。可是蹲下来的背影却不那么赏心悦目：腰和后背一片雪白的皮肤露在太阳底下却浑然不觉。如果恰巧 MM 穿着低腰的瘦版牛仔裤，当真是风光尽收眼底了。所以蹲的动作不是在什么地方、什么情况下都可以做的。如果自己的穿着打扮不适合做“蹲”的动作，那就想别的办法补救。

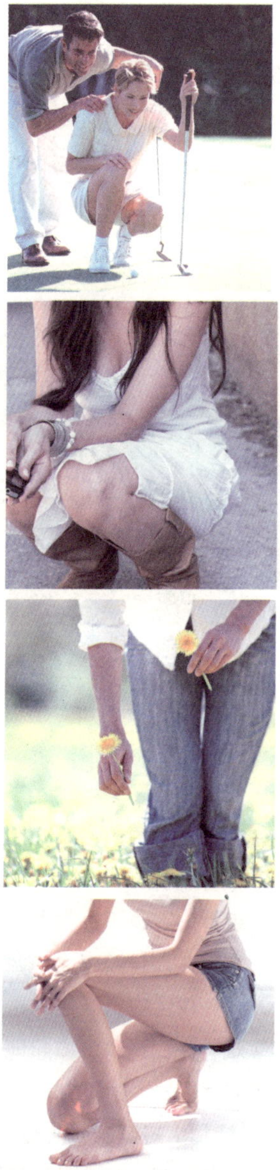

常见的蹲姿有四种

标准蹲姿是这样：一脚在前，一脚在后，两腿靠紧向下蹲，前脚全脚着地，小腿基本垂直于地面，后脚跟提起，脚掌着地，臀部要向下。

而常见的难看蹲姿是这样：低头，弯上身，翘臀部。无论年长者还是年轻人，也不管男性还是女性，都不愿意看见这样蹲着的淑女。如果是捡东西，那就要站在要捡的东西旁边，然后缓缓地弯下身，蹲下来，再捡起物品。

常见的蹲姿有四种：

高低式。高低式蹲姿，它的基本特征是：双膝一高一低。主要要求在下蹲时，左脚在前，右脚稍后。左脚应完全着地，小腿基本上垂直于地面；右脚脚掌着地，脚跟提起。这时右膝低于左膝，右膝内侧可以靠在左小腿内侧，形成左膝高右膝低的姿态。女性应靠紧两腿，男性可以适度地分开。臀部向下，基本上以右腿支撑身体。一般情况下高低式蹲姿会被广大的服务人员采用。而男性服务人员在工作时选用这一方式，往往更为方便些。

交叉式。交叉式蹲姿，通常适用于女士，特别是穿短裙的女士。这一姿势的优点在于造型优美典雅，这种蹲法的基本特征是蹲下后双腿交叉在一起。即在下蹲时，右脚在前，左脚在后，右小腿垂直于地面，全脚着地。右腿在上，左腿在下，二者交叉重叠。左膝由后下方伸向右侧，左脚脚跟抬起，并且脚掌着地。两腿前后靠近，合力支撑身体。上身略向前倾，而臀部朝下。

半蹲式。半蹲式蹲姿，一般是在行走时临时采用的姿势。它的正式程度不及前两种蹲姿，但在需要应急时也采用。基本特征是身体半立半蹲。主要要求在下蹲时，上身稍许弯下，但不要和下肢构成直角或锐角；臀部务必向下，而不是撅起；双膝略为弯曲，角度一般为钝角；身体的重心应放在一条腿上；两腿之间不要分开过大。

半跪式。半跪式蹲姿，又叫做单跪式蹲姿。它也是一种非正式蹲姿，多用在下蹲时间较长，或为了用力方

优雅的蹲姿，让人赏心悦目

便时。双腿一蹲一跪，还可以在下蹲以后，改为一腿单膝点地，臀部坐在脚跟上，以脚尖着地。另外一条腿，最好全脚着地，小腿垂直于地面。双膝同时向外，双腿尽力靠拢。

无论在什么地方，无论你是想捡起地上的东西，还是整理鞋袜，还是脚踝受了伤，或者仅仅因为太累了稍作休息，都要注意蹲的"死穴"。如果在蹲的时候犯了以下错误，那是不可原谅的，就算其他行为举止是满分，蹲的恶劣姿势也可能让你的形象分数"归零"。

1. 突然蹲下来，或突然站起来。蹲下来的时候，不要速度过快。当自己在行进中需要下蹲时，特别要注意这一点。这样一方面是为了保持身体的平衡，另一方面也不会吸引太多异样的眼光。同样的道理，如果蹲久了想站起来，也不要突然直立。人的血液循环需要一定的时间，蹲久了突然站起来，很可能出现眼前一黑、耳鸣等状况，也就是短暂的脑供血不足。

2. 在别人身边近距离蹲下。在下蹲时，应和身边的人保持一定距离。和他人同时下蹲时，更不能忽略双方的距离，以防彼此迎头相撞或发生其他误会。尤其是身边有老人或孩子的时候，蹲下时更应该小心，不要因为蹲的动作太鲁莽，伤害到他人。

3. 面对他人蹲下或背向他人蹲下。在他人身边下蹲时，最好是和他人侧身相向。正面面对他人，或者背部面对他人下蹲，通常都是不礼貌的。

4. 毫无顾虑地下蹲。在大庭广众之下，身着裙装的女士做蹲下的动作时一定要慎重。如果大大咧咧地将腿叉开蹲下，或者撩起裙子蹲下，对自己来说倒是方便了，其他人会觉得你是个粗鲁的人。

5. 蹲在凳子、桌子上，或者其他高处。跟蹲在椅子上吃饭是一样的道理，如果蹲在不应该蹲的地方，或者做不应该蹲下才做的事，会很丢脸。尤其是当你身在比他人高一点的地方时，更不能蹲下，那简直不成体统。

6. 像孩子一样蹲下。当我们还是小孩子的时候，我们喜欢自然地蹲下来，被地上的蚂蚁或小虫吸引，和墙根下的野花打成一片，不过成年人不应该再这样蹲下来，时时刻刻，我们都在其他人的目光之下。

成年人的蹲姿不应再像孩子一样

行走不仅仅是一种行动姿态，也是一种生活姿态

· 走

在社交场合中，正确的行走姿势能带给他人美好的感觉。行走可以尽展女子的典雅、轻盈，男子汉的“阳刚”气概。

行走不仅仅是一种行动姿态，也是一种生活姿态。一个走在路上的人，他的神态、步速、姿势是他此时此刻心态的写照，也是他的生活习惯、内在性格、社交取向的反映。或者，可以从感性的角度更大胆地说，一个人行走的样子，就是他对待生活的态度，对待人生的态度，“走”的模样甚至可以左右一个人今后的人生道路——会遇见什么人，会说出什么话，会看到什么样的风景，会走向何方……

很小的时候见过毛主席像章，大部分是圆形的，上面是毛主席的头像，也有很少的一部分是长方形或椭圆形的，不过我最喜欢的一枚有杯盖大小，上面是毛主席的全身像，穿着长衫，手上拿着一把油纸伞，长衫的衣角被风吹起。印章是凸起的图案，所以看不清毛主席是向我们走来，还是离我们远去。只是在像章的角落里写着几个字：“毛主席去安源”。当时因为年纪太小，也说不出喜欢的真实原因，现在回想起来，自己喜欢的，大概就是那种行走的感觉。高高大大的挺拔的身影，吹起衣角的无形的风，处处都带着凛然的正气，别有一派儒雅与风度。

后来仔细查了一下关于“毛主席去安

不同的走姿表达出别样的心情

源”这幅图案的来源，原来，它是江西省安源煤矿筹办“毛泽东思想照亮了安源工人运动”展览中的一幅画。这幅画采用左右对称的图式构成，青年毛泽东占据了画面中心位置，身后是翻滚的乌云，沉降的地平线使群山显得低矮。虽然当年的绘画技巧谈不上精湛，可画中的毛主席行走的感觉让人感慨万千，也正是这种行走的姿态感染了我。

有些人走路时习惯低着脑袋、弯腰弓背，重心后移，两脚尖内旋或外旋，致使腰肌用力失衡，容易形成驼背，严重时会使腹肌松弛，胸廓不能扩展，影响心肺功能，还会影响青春期少女乳房发育。若走路时重心习惯向单侧倾斜，则容易导致脊柱侧弯。

在社交场合中，正确的行走姿势能带给他人美好的感觉。女子步态宜典雅、轻盈，男子汉应表现出“阳刚”气概，步态矫健、稳重、大方。无论男女，表情均应自然，双目平视前方，头微昂，口微闭，颈正直，胸部自然向前上挺，腰部挺直，收小腹，臀部略向后突，双臂自然下垂，双上臂自然摆动，摆幅 30 度左右，前摆时肘微屈，勿甩前臂，后摆时勿甩手腕；下肢举步有力，步行后蹬着力点侧重在跖趾关节内侧，利用足弓的杠杆作用推进身体前移，换步时肌肉微放松，膝关节勿过于弯曲，大腿不宜抬得过高。每个单步步幅依自己腿长及脚长而定，一般平步为 70cm 左右。行

行走的习惯体现一个人的社交态度

走时勿上下颤动和左右摇摆。

此外，上下楼时，也应注意采取正确的行走姿势，腰椎要保持正常生理曲度，既不歪斜，也不扭曲。正确的上下楼步态应全足踏实在楼梯上，不要只踏半只脚，膝关节应略弯曲，收小腹，臀部向内收，上身正直，速度适当。

如果你细心观察一下，每个人走路的姿势是不一样的。即使很相似，在速度、重心、双手的位置、身体摆动的频率等方面，差异也无处不在。这就是为什么，一个人跟情人约会左等不来，右等不来，心急火燎之际，突然，一个转身，一个侧影，在熙熙攘攘的人群里，就知道他（她）来了。只需一瞥，眼前豁然开朗，因为行走的姿势与众不同，是唯一的。正因为行走姿势的唯一性，某些不良的行走习惯更易被人们记住，所以如果发现自己在走路的时候有如下一些问题，一定要在迈出下一步时留意改正。

1. 轻飘飘。缺乏自信，对生活没有明确目标的人，走路大都轻飘飘的，迈着小碎步。

2. 落脚无声。走路不发出任何声响的人，会被认为有不可告人的秘密，或者身体孱弱。

3. 行走缓慢。如果因为特殊的原因，需要放慢行走速度，本无可厚非。但如果因为神游万仞或者情绪抑郁，而无意识地放慢速度，脚下黏滞，埋着头，那就会给人很委靡的印象，会被认为对一切都充满了厌倦。

4. 左顾右盼。性情活泼的人会一路走一路顾盼，他们对新事物很好奇，又期待与新老朋友相遇，这是你性格中自然的一面，不过不能因为过于兴奋而忘乎所以，应该适时地稳定情绪，调整自己的走路姿势。

5. 驼背。驼背是气质的硬伤。走路时是这样，在交谈、静坐、用餐时也同样如此。

6. 飞毛腿。所谓忙中易出错，不管遇到多么要紧的事，都要保证行走的稳健和冷静，走路慌慌张张的样子不会让事情得到立刻解决。

7. 误穿高跟鞋。穿上高跟鞋的女孩，会不自觉地挺直腰背，走起路来也会多一分柔美。不过如果是穿惯了跑鞋的姑娘，突然穿上高跟鞋，会给脚部带来不适的感觉，这样就自然会影响迈出的每一步——屈膝弯背地穿着高跟鞋，让看你的人都觉得不舒服。所以穿高跟鞋的时候要对自己的行走姿势格外注意。

8. 踢石子。把手插在衣兜里，或者把外衣随便搭在肩膀上，脚上再有意无意地踢着路上的杂物，这样的走路姿势相信每个从你身边走过的人都想踹你一脚，君子是不会这样自毁形象的。

如果你细心观察一下，每个人走路的姿势是不一样的

眼神传达出有效信息

·眼神

眼神在社交活动中起着微妙却不容忽视的作用。所谓“一身精神，具乎两目”，眼神能在最短的时间内实现最有效的沟通，没有眼神的语言和肢体动作都是空洞乏味的。

有一个学生，他的主要问题是讲话时不停地眨眼，像一个出了毛病的霓虹灯。闪烁不定的眼睛使他显得缺少自信心。当身边的人了解到这个问题之后，想方设法使他眨动的眼睛恢复了正常。还有一个人的情况恰好相反，他谈话的时候好像和对方完全隔绝，因为他的眼睛几乎一下也不眨，他是用眼角死盯着对方，看上去像个坏人。亲近的朋友指出他眼神中的毛病，并且引导他增加眨眼的频率，不久，这种吓人的眼神也就消失了。

其实眼睛具有反映深层心理的特殊功能。但是可怕的是，很多人意识不到自己的眼神习惯有问题，也就无从调整和改正，如果不是特别亲密的人，也没有人愿意指出你这样或那样的眼神问题，于是，不同的人总是带着这样或那样的视线游走在人群之中。

据专家们研究，眼神实际上是指瞳孔的变化行为。瞳孔是受中枢神经控制的，它如实地显示着大脑正在进行的一切活动。人的喜怒哀乐、爱憎好恶等思想情绪的存在和变化，都能从眼睛这个神秘的器官中显示出来。因此，眼神与谈话之间有一种同步效应，它忠实地显示着说话的真正含义，从这种意义上说，眼神也是一种礼貌。

敢于直视。与人交谈，要敢于和善于同别人进行目光接触，这既是一种礼貌，又能帮助维持一种联系，使谈话在频频的目光交接中持续不断。更重要的是眼睛能帮你说话，如果是认识许久的朋友，眼神仿佛心灵流淌出的一涓细流，眼神的沟通作用甚至会超过有声语言。

凝望的时间。正常的人际交往，目光交流应是 5～15 秒，与群体沟通应该是 4～5 秒，一般与对方接触的时间为谈话时间的 2/3 为佳。

眼光柔和。以示尊敬和礼貌，要散点柔视。当对方沉默不语或拘谨时，不要正视对方；当对方说错话时，把目光移开。

适度眨眼。频率最好控制在每分钟 5～8 次。过度频繁会显得你紧张、胆怯。

不要忽视眼神在社交场合中的负面作用。一位名叫 James XueNong 的建筑家，曾经画过一幅皱着眉头的眼睛抽象画，镶于大透明板上，然后悬挂在几家商店前，其原意是想借此减少偷窃行为。果然，在悬挂期间，偷窃率大大降低。虽然并不是真正的眼睛，但对那些做贼心虚的人来说，却构成了威胁，极力想避开该视线，以免有被盯梢的感觉，因此，便不敢进入商店，即使走进商店里，也不敢行窃了。

在古希腊神话中，有姐妹三个怪人，外人只要一接触其中一位名叫美杜莎的眼光，

柔和的目光

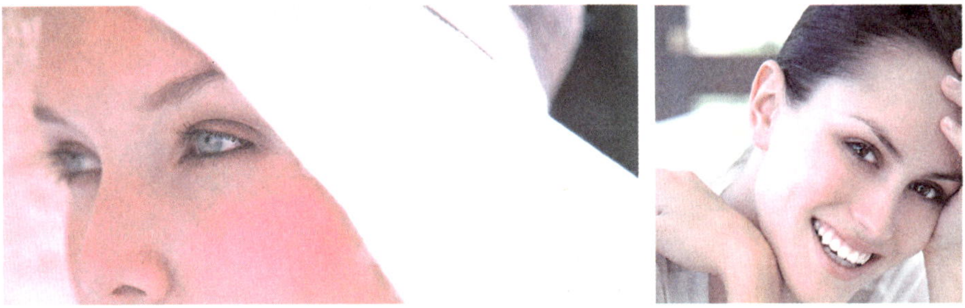

便立刻化为石头。

孟子也曾对眼神作过精辟的阐述：“存乎人者，莫良于眸子。眸子不能掩其恶：胸中正，则眸子了焉，胸中不正，则眸子眊焉。”所以在社交场合中，我们在用眼神向他人传达信息的同时，也要留意观察他人的眼神，捕捉对方眼神给我们带来的社交信息。一个人的视线可以从不同角度和不同的观点来了解。首先要明确对方是否在看着自己，这是关键。上文提过，注视表示对方对你的尊重，也说明你本人或你所说的话对他有吸引力。如果他直视着你，那么他的视线是如何活动的？对方直盯着自己，或视线一接触马上移开，其心理状态是迥然不同的。如果你发现周围有人斜眼瞪着自己，那可要审视一下自己的言行，或者留意他所要表达的意思。眼神的问题很深奥，即便你和对方沟通无障碍，他的眼神得体大方，那么如果他的视线缥缈，不知究竟是在看什么，也可能说明他心中另有所想，或者下一秒有急事要办。

在观察别人眼神的同时，我们也要小心自己的“坏眼神”给社交活动带来的不良影响。

1. 不要一直盯着对方。一般情况下，一直盯着对方的男性可能会被当做猥亵的人。而一直盯着对方的女性，则会被猜测心中另有隐情。

2. 被对方注视时，不要立刻移开视线。这样的举动表明你是一个极度自卑的人，或者向人们传达出这样的信息：你根本不愿意或者不屑与他人沟通。

3. 看异性一眼后，别明显地移开视线。这样做并不能显示你的高傲，相反，有经验的人会立刻看出你对对方有着强烈的兴趣。

4. 任何场合都不要斜眼看对方。无论是面对几个人，还是只和一个人说话，都不要斜眼看人。演员做这个动作时，他演的多半是个反面人物，或者他内心有不可告人的心事，但又不想让对方识破。

5. 俯视对方要慎重。这样做是想显示对对方的一种威慑，除非你是他的上级或长辈，正想因为什么事情指责和批评他。

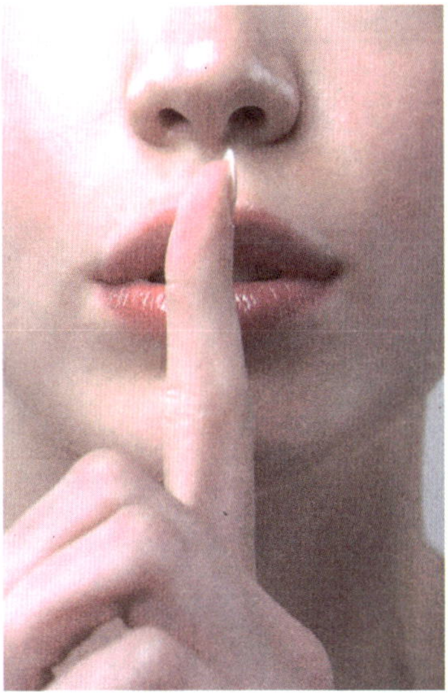

手势能够表达出明确的话语含义

· 手势

手的一个无意识动作会体现在你的心理状态、某种情绪甚至隐私。所以社交活动中，记得管好你的手。

有一个关于手势的笑话：一个在上课时间偷跑到校外的学生，想趁着没有老师看见的时候跳墙回到学校里，他走到学校的墙外，却看不清墙内的情况，也不知道墙里有没有老师看守。碰巧看见不远处有民工在学校里干活，就用手比画着问其中的一个民工墙里有没有老师，民工心领神会，向墙里看了一眼，然后对学生做出了这样的手势：拇指和食指弯曲成圆形，其他三个手指自然伸开，然后把这个手势高高举起。学生见状立刻身手敏捷地翻墙入校，不料墙里有三个老师正好把他逮住。

学生很懊恼，气愤地质问给他打探"敌情"的民工："不是说 OK 嘛？为什么要骗我？"民工也很无辜："我不是告诉你有三个老师在墙里吗！"

同样的手势，两个不同年龄、不同文化背景的人会有不同的理解，所以手势在交往中产生的误会也很多。也许你没有意识到，在社交活动中你的手也在说话，有时候手会协助你完成语言无法表达的内容，有的时候，手的无意识动作也会体现你的心理状态和某种情绪甚至隐私。

手势透露出人们的状态与情绪

竖大姆指：这是最常见的表示赞赏的手势，可以表达对某句话或某个观点的赞同之意，同时也可以用在对他人表示佩服、欣赏的时刻。而在某些特定的场合，也表示准备妥当。例如篮球比赛时，裁判在发球时就是一手执球一手竖大姆指，表示一切就绪，比赛可以开始了。飞机驾驶员在飞机等待升空时，由于引擎声音巨大，根本无法与地勤人员沟通，于是就用竖大姆指的方式表示：一切就绪！

竖中指：有教养的人不会做出这样的手势，无论在多么气急败坏的时刻。说来奇怪，这个表意恶劣的手势已经成为一种世界通用手势，意思就是 Fuck you! 通常情况下，做出这种手势的人是无礼的，没有风度的，而如果做出这个手势的人是女性，相信身边的人会以各种姿势晕倒。无论对于男士还是女士，这个手势都是在自贬身价，也是交往之大忌。

竖中指及拇指、小指，余指弯曲：这是男性欲与女性求欢时的表示。这一手势在大众场合似乎并不常用，不过作为女性，要了解一二，以免在“二人世界”里遇到这样的手势时一头雾水。

竖大拇指，余指握拳朝上，大拇指朝向身体右方：这个手势在世界各地几乎都行得通，表示你想搭便车。不过在希腊，用这个手势则表示非常恶劣的侮辱之意，所以如果在希腊想搭个便车，最好是换一种表达方法。

V 字手势：这个手势源自于英国，因为 V 字是英文单词 Victory 的首字母，所以表达的自然是胜利和鼓舞之意。其实这个手势是大家最熟悉不过的，90%的人在照相机或摄像机前都做过这个手势。在热播的韩剧《宫》中，男主角信就曾经严重鄙视过她的太子妃彩静，说她面对镜头，就只会做出 V 字手势，这个手势在全国人民面前是很丢脸的，很幼稚。不管怎么说，V 字手势是最简单的手势，或许有一点幼稚，不过可以最直接地表达爽朗、开心、奋斗、阳光的感觉，也并没有什么不好。

OK 手势：以英文字母 O 与 K 联结而成，表示没问题，准备就绪，成功了的意思。也有我很好、没事、谢谢你的关心之意。

握手：这是社交场合中最常用的手势，已经成为一种社交必备的礼仪习惯。在见面之初的握手，表示慰问、友好之意，在告别的时候握手，则是感激、祝福、告别的之意。

双手抱头：很多人喜欢用单手或双手抱在脑后，这一体态的本意是放松。不过面对交往对象做出这样的动作，就会给人一种目中无人的感觉。

摆弄手指：反复摆弄自己的手指，要么活动关节，要么捻响，要么攥着拳头或是手指动来动去，往往会给人一种无聊的感觉。

手插口袋：在工作中，通常是不允许把一只手或双手插在口袋里的。这种表现，会让人觉得你在工作上不尽力，忙里偷闲。不过走在大街上或者休闲的场合，这样的姿势看上去比较潇洒，蛮酷的样子。

手势可以妙用却不可滥用。如果在社交场合错用手势或者手足无措，恐怕就要自我检讨了。

1. 太多的手势。说话的时候手舞足蹈或者不愿意张嘴，只用手势表情达意，会给人留下装腔作势、缺乏涵养的感觉。

2. 指指点点。在公共场合，提到第三个人时应该避免用手指着那个人，尤其当你和别人相谈甚欢，眼睛未看所指对象的时候。这样的手势表明你在说三道四，如果再加上眉飞色舞的表情，恐怕会被当做人群中的“三八”了。

3. 手的小动作。在交际活动时，有些手势会让人反感，不仅仅阻碍沟通，还会给人留下不体面的印象。比如当众搔头皮、掏耳朵、抠鼻子、咬指甲、手指在桌上乱写乱画等。

4. 竖起中指。上文已经提到了，无论你遇到多么不公的待遇，无论对方把你激怒到什么程度，都不能竖起中指，这是个自毁形象的手势，做出这个手势的人，就是把自己辛苦经营的社交形象自毁于众目睽睽之下。

手的一个无意识动作会体现出你的心理状态、某种情绪甚至隐私

一张微笑的脸胜过千军万马

· 微笑

一张微笑的脸胜过千军万马，微笑是良好人际关系的起点，就算我们的微笑不会倾国倾城，至少能打动面前那个原本冷漠的沟通对象。

很惭愧自己不是一个擅长微笑的人，不过却曾经有几次被别人的微笑打动过。那些来自亲人、陌生人、孩子的微笑在不同时期扫除了我内心的阴霾情绪，让我从麻木的阴影中走出来。

少年时代的我是一个心事重重的女孩，身边的朋友不多，遇到不开心的事自己会在心中思忖好久，似乎找不到让自己开心的理由。小我 10 岁的表妹很喜欢和长她 10 岁的我为伴。上中学的我每周回家一次，见到表妹都特别开心——她的小眼睛时常眯着，不笑也像是在笑，而且微笑的时候露出右边的一颗小虎牙，真是可爱。和表妹同行时，在路上碰到一个人特别像我同学于铮的爸爸，一时算不出辈分，我也不知道该称呼什么，不过表妹一点迟疑都没有，微笑着脱口而出："于铮他爸好！"我也跟着说：

真诚自然的微笑沁人心脾

“叔叔好！”同学的爸爸也跟着笑得合不拢嘴。现在表妹长大了，依然把她的微笑带给身边的人，家里从长辈到晚辈全都喜欢她，虽然表妹并非美艳不可方物，身边却有好几个小男生追随着。

微笑是自信的最直接表现，是展示自己魅力的最佳方法。试想，如果一位陌生人正对着你微笑时，你是不是感觉有一个无形的力量推着你和他接近；如果你看到的是一张“苦瓜脸”，或者“老驴脸”，你在心理上就会对这个人敬而远之。控制自己的情绪，保持一张笑脸，是决胜社交必需的。发自内心的微笑，会自然调动人的五官，要领是这样：眼睛略眯起，要闪闪发光，眉毛上扬并稍微弯曲，鼻翼张开，脸肌收拢，嘴角上翘，唇不露齿。只有这样，做到眼到、眉到、鼻到、脸到、嘴到的微笑，才会显得自然亲切，打动人心。

现代职场，一张微笑的脸是让交往更加亲密的催化剂。所以我们有必要在微笑这个表情上多下工夫，得微笑者得天下。

打造完美微笑首先要放松面部肌肉，然后将嘴角微微向上翘起，让嘴唇略呈弧形。

微笑是良好人际关系的起点

最后，在不牵动鼻子、不发出笑声、不露出牙齿，尤其是不露出牙龈的前提下，轻轻一笑。

其实，调动微笑还有更隐秘的方法：闭上眼睛，调动感情，并发挥想象力，或回忆美好的过去或展望美好的未来，使微笑源自内心，有感而发。

如果这样的方法诞生的微笑还是让你心里没底，那就对着镜子练习。咬住一根筷子，露出上排牙齿，你可以用双手按住两颊肌肉，调整嘴角上扬的角度，直到你认为是最好的位置为止。然后把筷子拿掉，这就是你最理想的微笑表情。看着镜子，记住这个表情。然后在社交场合中多多运用，相信一定会收到意想不到的效果。

脸部表情是最重要的沟通媒介。美国加州大学洛杉矶分校的沟通研究人员艾伯特·麦拉宾博士曾作过一项研究，结果显示，人们喜欢或厌恶一个人，其中有55%的线索来自视觉，大多是脸部表情，另外有38%来自音调，7%来自语言。

微笑的关键不仅仅在面部表情，微笑的时机也很重要。在社交活动中，一般不应该一见到人就立即给对方一个微笑，这样会让人感觉太程式化，像是一个专业的业务员或接待员。如果碰到任何人都自动微笑，反而显得不真诚。

用微笑来向他人表示友好的同时，也是给自己一个明媚的心绪。不过微笑如果运用不当，也会给人带来相反的效果，比如：

1. 皮笑肉不笑。 我们都有同样的感触：看一个人皮笑肉不笑的表情，远比看他哭还更难受。所以如果准备对他（她）微笑了，那就一定要笑出自己的真情实感来，敷衍的微笑倒不如一张严肃的脸了。

2. 无节制大笑。微笑是给自己的，同时也是给别人的。如果不能控制自己的情绪，笑起来没有节制，和你交往的人也会受不了的。尤其是在对方不明就理、一头雾水的时候，你在他对面哈哈大笑，露出嘴里的大部分牙齿甚至牙龈，会给人很无理的印象。

3. 瞬间微笑。微笑过后，即使对方已经不再看你，也要让微笑在脸部停留一段时间。这样才不至于给人留下虚伪应酬的感觉。如果这样短暂的微笑让第三个人看到了，就算你曾很真诚地对他（她）微笑过，恐怕也很难挽回损失。

4. 咀嚼时微笑。懂礼节的人在吃东西的时候很少说话，自然也要注意自己的微笑表情。如果嘴里塞满东西还硬要做出倾国倾城的笑容，恐怕连最擅长捕捉美丽瞬间的摄影师也救不了你。

明媚的心绪

温馨的谈话犹如一杯温暖的淡茶

· 交谈

能与你促膝谈心的人并不多，但我们能够通过交谈去表达自我、了解对方。一段温馨的谈话如一杯淡茶，让人身体放松，心情愉悦。

在一家大企业的全年工作计划会上，一位中级职务的管理者的发言引起了从上至下各层领导的注意，他举止大方、措辞得当，对公司发展所提出的建议可行、中肯、独辟蹊径，让下级员工心悦诚服，也让上级领导赞赏有加。他的发言赢得了大家热烈的掌声。最后，他谦恭地说："抛砖引玉之谈，谢谢大家厚爱。不过最后几点建议确实有一定的可行性，尤其是其中关于……我觉得这同三十六计中的掩耳盗铃之计有异曲同工之妙。"会场内出现了一片隐隐的骚动，也有人在窃笑，领导听到最后的几句话也不由得皱起了眉头。

本来是个满堂彩的发言，因为言谈中的一个小闪失，导致满盘皆输。本来有意重用他的领导听了这几句话之后恐怕也要改变主意。“掩耳盗铃”这个成语用得实在不怎么样，而且出处也张冠李戴，这个文化知识的错误让本来应该很完美的发言似乎变得漏洞百出。

“腹有诗书气自华”，这话也对，也不对。“腹有诗书”也要看你能不能表达出来。一个学识深厚、修养良好的人，如果语言木讷，谈吐嗫嚅，逻辑混乱，肯定无法成为成功的社交人士。

首先需要你勇于张口，勇于表达自己的感受。有交谈的勇气是一切交谈技巧的前提，因为主动说出第一句话的人，会争取到更多的交流机会，这表明你有与他人交往的意愿。

其次，跟不同的人谈话，要选择不同的话题；在不同的场合谈话，要有不同的内容。交谈的内容要高雅，尤其是面对关系不太密切的交谈对象时。往大了说，可以谈哲学、艺术、风土、政策国情、个人发展等。往小了说，谈谈生活情趣、个人爱好、社会热点、热映电影、新闻人物等。不宜谈论庸俗低级的内容，如某人与某人的关系、小报报道的凶杀惨案、个人的隐私、敏感的政治问题等。此外，交谈的话题要轻松。交谈的目的是沟通感情，但是不能把自己沉闷、压抑、悲哀的情绪跟所有人表达，和你交谈的人也愿意听到一些轻松的、明快的话题，没有

在不同的场合谈话，要有不同的内容

交谈使气氛更加活跃

人愿意做祥林嫂的忠实听众，个人的悲伤情绪是属于你自己的，如果一定要找个途径发泄出来，那就找自己最亲近的人。社交场合中的交谈不宜拉长了脸。

再次，交谈也要掌握一些必要的技巧。始于赞赏的交谈更易成功。如果以赞赏的态度开始交谈，那么两个人沟通的程序就简单许多了。因为赞赏首先就是一种认同和信任，也是一种尊重和羡慕。在与人交谈的伊始，适当的恭维与赞美可以让对方迅速卸掉陌生感，拉近彼此的距离。调侃也需要技巧。虽然我们无法让出口的每句话都直指某个目的，不过在谈话中适当加入一些调侃，会让交谈气氛活跃许多。比如一次聚会时，大家刚落座，便听得“咔咔”两声，原来是有一位体重过重的朋友压垮了主人的椅子。主人只是连说对不起，别在意，请人再拿一把椅子，现场气氛比较尴尬，而这时一位朋友却笑道：“小港湾哪泊得下万吨巨轮，下次我请吃饭，可得定做一张铁皮椅子。”大家相视一笑，气氛缓和如初，连压垮椅子的那个人也笑了。

与别人意见发生冲突时，谈话的方式很重要。在表达不同意见时，最忌讳一开始就全盘否定对方，那样做等于是将对方逼到了你的对立面，两个对立的人，就无法达成一致，这样的态度越谈两人的距离会越远。一般情况下，如果你的意见与他人不同，需要采取先肯定，再提出异议，然后表明自己见解的方式。

幽默是会交谈者的重磅武器。这一点男士尤其需要拥有。在多人交谈的场合，某一位男士的幽默言论会让大家的注意力聚焦在他的身上，同样，如果一位男士与女士独处，幽默的言谈会让女士乐于与他长谈，而过于严肃的男士可能要和心仪的女士告别，女性的感性思维会让她更多地关注谈话中的兴奋点，期待更多的兴奋点，从而更久地维持交谈。

无礼的交谈方式会让你在人群中孤立出来，如果想在社交场合中维持高关注度，最好了解以下注意事项：

1. 不打断对方谈话，不轻易在他人谈话时插嘴。

2. 说话时不要抓耳挠腮、搔首弄姿。女性在交谈中应该保持优雅，不要为了展示自己柔美的特质，过分地摇头扭腰。

3. 如果正在打字、看报、喝茶，交谈的时候要把这些活动停下来，待谈话结束再做也不迟。

4. 不要自我吹嘘或信口开河。如果你的谈话内容是不实的，迟早有一天会被识破，就算你吹牛的内容无伤大雅，也会给人留下虚伪的印象。

5. 不要谈他人的隐私。如果不是闺中密友或蓝颜知己，最好不要谈到她的男朋友或者感情生活，也不要问人家的收入、体重、年龄等。这一点在工作场合和同事之间尤其忌讳。

6. 不要滔滔不绝。要给对方讲话的机会，要适时留意对方对某一观点的态度和感受。

7. 不要草草结束谈话。如果想暂时结束谈话，要对对方表示歉意，不能甩手走人。

倾听是交流的重要部分

· 倾听

好的倾听者会在社交活动的前十分钟就给人留下好感，会让说话的一方迷恋上跟你说话的感觉，会让跟你交谈过的人下一次主动地找你说话。

曾经有一个小国的使臣送给大国的国王三个一模一样的金人，大国的皇帝看到三个高贵的金人很高兴，可是同时小国的使臣出了一道题目：这三个金人哪个最有价值？皇帝请来珠宝匠称重量、查做工，可是三个小金人都是一模一样的。大国的国王一筹莫展，不知道该用什么方法来区别三个小金人的价值。

最后，有一位年近花甲的大臣说他有办法。老大臣胸有成竹地拿着三根稻草，插入第一个金人的耳朵里，这根稻草从另一边耳朵出来了。第二个金人的稻草从嘴巴里直接掉出来，而第三个金人，稻草进去后直接指向了肚子，什么异常也没有。老大臣说：第三个金人最有价值！

使者听了很高兴，也对这位老大臣的智慧赞赏有加。

在社交礼仪中，善于倾听别人讲话是一种高雅的素养。它不同于衣饰外表，也不

同于行为举止，这些东西都是可以瞬间改变的，不过倾听是对社交个体更高的要求。从一个人的长远发展轨迹来看，一个善于倾听的人会赢得更多的机会，也会获得更多人的好感，会离成功更近一些。

一个好的倾听者，首先要在心中树立如下几点认识：

1. 我对我的举动、情感和行为负责。

2. 我无法改变他人，唯一能改变的只有我自己。

3. 我不对他人妄下论断。

4. 我和身边的所有人平等相处。

我们在日常生活中经常会看到争吵，公交车上、超市的收银柜台、停车场……一般发生争吵的两个人，都各执一词，各说各的理。两个人争得面红耳赤，却只是在不停地为自己争辩，根本没有听清对面那个人呜哩哇啦地在说些什么。这样的争吵对解决问题一点作用都没有，结果是各自憋着各自的道理，悻悻回家。其实，如果争吵的两个人中，有一个是好的倾听者，也就不会出现这样的情况了。说白了，还是没有从对方的角度平等地想问题，没有用平等的眼光与他人相处。

这样说来，如果在社交活动中不能很好地倾听，也就不能替对方着想，也就只能在人前展现一个自私的你。

倾听也可以分为三个层次，如果在争吵的环境中，很可能双方的倾听都只停留在第一个层次：听者完全没有注意说话人所说的话，假装在听，其实却在考虑其他

从倾听中获取新的信息

毫无关联的事情，或内心想着辩驳。他更感兴趣的不是听，而是说。这种层次上的倾听，导致的是关系的破裂、冲突的出现和拙劣决策的制定。

如果两个人相交并不深，或者相交很深的夫妻，但是其中的一个人心不在心不在焉，或者只是普通的顾客与店员、领导与下属的关系，倾听可以深入到第二个层次：听者主要倾听所说的字词和内容，但很多时候，还是错过了讲话者通过语调、身体姿势、手势、脸部表情和眼神所表达的意思。这个层次的倾听可以解决基本的交流问题，不过也容易有误解、错误的回应、时间的浪费等等。另外，如果这个层次上的倾听，对方只是通过点头来表示同意，而不询问具体问题，那很可能说话者是在白费口舌。夫妻之间也常常会有这样的倾听：丈夫眼睛盯着足球比赛，同时装作对妻子的抱怨全神贯注，表情也可能是痛下决心状，不停地点头，不停地说："嗯，嗯"，实际上他只是关心他喜欢的球队下一秒会不会进球。

一个优秀的倾听者需要将倾听深入到第三个层次，也就是倾听的最高境界：这种倾听者在说话者的信息中寻找感兴趣的部分，他们认为这是获取新的有用信息的契机。高效率的倾听者清楚自己的个人喜好和态度，能够更好地避免对说话者作出武断的评价或是受过激言语的影响。如果你是一个好的倾听者，就应该不急于作出判断，而是感同身受对方的情感，要设身处地地看待事物，询问而不是辩解。

不过坏的倾听习惯只要有一个，就会让交流打结，会让本应该熟悉起来的两个人变得越来越陌生。

1. 只顾自己高谈阔论。像擦了凡士林油一样，只会不停地释放自己，却对他人的观点百毒不侵，即使你有哲学家的思想也是白搭。

2. 听而不闻。这样的倾听多出现在唠叨的妈妈和孩子之间，其实也会出现在热衷于夸夸其谈的领导和下属之间。

3. 敷衍。常常会用"嗯"、"行"、"这样啊"、"啊"这样的回答敷衍了事，会错过重要信息。

4. 粗鲁地打断对方。如果迫不得已需要打断，那需要一定的礼貌和技巧。

5. 突然转移话题。这就表示你对他讲的话题没兴趣，或者你想掩饰什么。

人既需要距离，又试图超越距离

·距离

有人讲过这样一个故事：她乘地铁上班，如平常买了一份报纸读，邻座一位年长的大叔对报纸上一则新闻很是感兴趣，为此，她看到后面版面的时候，没有合上刚才的那一版国际新闻，而是给大叔留足了看完那则新闻的时间。等她合上报纸的时候，没想到，那位大叔竟然自顾自地一页页翻阅起在她膝上的报纸。

如果那位大叔再年轻 20 岁，如果他不是那么认真地阅读报纸，这样的情况一定会被定义为骚扰，然而被一个陌生的异性在自己的腿上随意翻阅自己购买的报纸，就算对方是无心之举，还是会让人感觉受到了侵犯，于是她迟疑了一下便小声提醒："大叔，对不起，您翻的是我的报纸。"话一出口，周围的空气顿时凝固了。片刻，大叔身旁的大婶亲切地问了她一句："姑娘，什么报纸啊？挺好看的，下车我们自己也买一份。"她立刻把报纸合上，就此无话。

如果你是故事里的女士，遇到这样的事情同样也会感觉不舒服。原因并不是讨厌别人看自己的报纸，而是每个人都需要属于自己的空间，尤其是在地铁这样的公共场合。

在社交场合中，根据公关活动的对象和目的，选择和保持合适的距离是极为重要的。西欧一些国家认为，两个人交谈的最佳距离为 1 米，但意大利人经常保持 0.3～0.4 米。然而，从卫生角度考虑，交谈最佳距离应为 1.3 米，这样就不至于因交谈而感染上由飞沫传染的疾病。不过各国的风俗习惯不同，每个人对距离的要求也不同，对于距离，有一个形象的比喻：人就像冬天的刺猬，距离太近了会互相伤害，距离太远又各自觉得孤独和寒冷。这是对距离最好的诠释。从哲学意义上说，人既需要距离，又试图超越距离。

人际交往中，应该维持一种不远不近、不长不短、恰到好处的"黄金距离"。这种"黄金距离"以多长为宜要因人而异。和喜欢的人交谈要靠得近，熟人要比生人靠得近，性格外向的要比内向的人靠得近，女人之间比男人之间靠得近。现代社会的发展，带来个性化的发展，人们对"距离"的要求、对空间的要求，也就越来越强烈。现代人都喜欢有个属于自己的空间，不受他人侵犯。

一位心理学家作过这样一个实验。在一个刚刚开门的大阅览室里，当里面只有一位读者时，心理学家就进去拿把椅子坐在他或她的旁边。试验进行了整整 80 个人。结果证明，在一个只有两位读者的空旷的阅览室里，没有一个被试者能够忍受一个陌生人紧挨自己坐下。在心理学家坐在他们身边后，被试验者不知道这是在作实验，更多的人很快就默默地远离到别处坐下，有的人则干脆明确表示："你想干什么？"这个实验说明了人与人之间需要保持一定的空间距离。任何一个人，都需要在自己的周围有一个自我空间，它就像一个无形的"气泡"一样为自己"割据"了一定的"领域"。而当这个自我空间被人侵犯每个人都会感到不舒服、不安全，甚至恼怒起来。所以从理论上讲，你和他人的距离明确地表明了你们之间的关系，同样的道理，如果你在社交场合中遇到某一类型的人，也要注意与他保持一种合理的距离，这样才不会让对方感到压力，也不会有冒犯之举。

亲密距离。这是人际交往中的最小间隔或无间隔，即我们常说的"亲密无间"，彼此间可能肌肤相触，耳鬓厮磨，以至相互能感受到对方的体温、气味和气息。其距离可达 35 厘米，亲密距离表现为极度的私人性，几乎仅仅发生在两人之间，

社交距离，代表彼此熟悉的程度

其特征是低声耳语，谈话内容多为隐私、秘密，彼此强烈地感受到感官的接触，包括眼神、气味、体温和呼吸。

个人距离。这是人际间隔上稍有分寸感的距离，有较少直接的身体接触，大约是35 厘米到 122 厘米。在这个距离里，我们可以握手、碰触对方的肩膀以及手拉手。这个距离发生在促膝而谈的哥们之间，也可能是同学、同事、亲人之间。陌生人进入这个距离会构成对别人的侵犯。

社交距离，也就是公共距离，它代表着一种更加正式的交往关系。一般情况下，这个距离大于 3.5 米。在这一距离中，声音和谈话主题都要有相应变化，确切地说，公共距离是“舞台距离”，通常不是演说就是授课，私人交谈变得几乎不可能，只能是格式化的正式问答。这已超出了亲密或熟人的人际关系，而是体现出一种社交性或礼节上的较正式关系。一般在工作环境和社交聚会上，人们都保持这种程度的距离。公司的经理们常用一个大而宽阔的办公桌，并将来访者的座位放在离桌子一段距离的地方，这样与来访者谈话时就能保持一定的距离，这就是社交距离的作用。

与人交往的过程中要时时留意与他人的距离，距离过远或过近都会让对方心生不悦，而且每个人对距离的感知程度不同，所以在社交场合也要见机行事。

1. 不要步步逼近。在欧洲，人们喜欢与对方交谈时保持 1 米左右的距离，超过这个距离双方都会感觉不舒服。而在阿拉伯，人们喜欢近距离地沟通。如果你看见一个欧洲人和一个阿拉伯人交谈，一个会无意识地后退，另一个会步步紧逼，几十分钟后，两个人所站的位置会有很大的变化，是个很有趣的现象。

2. 不要敬而远之。如果有人试图主动和你靠近，你要对此作出明智的反应，其中一种可能为他想骚扰你，有变态倾向，此时尽量躲开。不过一般的社交场合，有人想缩短与你的距离，表示他想和你进一步沟通。这时要主动一点，接受对方的好意。

3. 距离代表你对一个人的态度，所以交往中也不要忽远忽近。

· 异性相处

电影《克莱默夫妇》，讲述了一个被漠视的妻子不愿意再容忍专注于事业的丈夫，决定离家出走并且决定离婚的故事。影片很精彩，处处充满着强烈的感情，把夫妻各自的苛求和无奈都表现得淋漓尽致。影片结束，同学们都要就影片发表各自的看法，大家来自不同的院系，互相并不熟悉，不过一个男生的发言却引起了全班女生的敌意和鄙视。他发言的时候，拖拖拉拉地站起来，然后用满不在乎的神气说："我觉得吧，那个女的就是精神病！"除了这句话，他的其他观点也过于激进，根本就没有理解电影情节中包涵的深层意义。

"那个女的就是精神病！"这句话引起了全班女生的愤慨，部分男生也对他所说的话露出不齿的神色。女生的观点大抵如下：连电影的基本内容都没能看懂，还大言不惭地当着全班同学的面对女主角作人身攻击，是个人修养问题；就算完全站在男性立场，也不能得出"精神病"这样的结论，他对女性的内心世界缺乏基本的了解，对女性缺乏基本的尊重，这样的男性在女性眼里毫无魅力可言。发言的男生最终不得不在全班女生的激烈言论下低头，承认自己言语有不当之处。

这个故事里就包涵异性交往的学问。在异性交往中，亲人、爱人之间的交往是社交活动中较小的一部分，大部分时间里，我们要面对的异性既非亲人，也不是朋友，而是同学、朋友、同事、同事或朋友的亲人或爱人，还有大量的陌生人。异性交往的问题也往往会出现在这样的关系之间。

公共场合的衣着打扮。在有异性的公共场合下，不要把自己的行为举止和衣着打扮等同于家中居室，也不要无节制地显示自己的魅力。在这样的场合，女性的露肤装和性感打扮都要有度，男性也一样，面对不是自己爱人的异性，如把衬衫敞开或穿着短裤，是对在场女性的不尊重，也不要做扣紧皮带或者把衬衣塞入裤子中这样的动作。

关系不同，交往方式也迥然有异

无论是男性还是女性，如果在公共场合忘了拉衣服或者裤子上的拉链，都会被看成是低俗的人。虽然忘记拉上裤子拉链的错误在每个人看来都很低级，不过相信每个人在公共场合都不止一次看到过这样的人。

言行的分寸。很多男性之间私下里常会冒出一些粗话，有人甚至会开黄色玩笑，但是在有女性在场的公共场合，不能随意释放这样的陋习，否则女性会认为这是对她们的冒犯。男性在恭维女性时，也要避免暗示性的话语，以免让女性产生错觉，如果她对你有好感还好，如果她只是把你当成众多男性中的一员，这样的暗示和挑逗很容易招来不满和恶评。女性在正常的异性交往中不要有过多妩媚的肢体动作，比方说把玩一缕头发、用一只手抚摸自己的肩膀或衣领、和异性频繁的肢体接触等，尽管这些动作是无意的，也容易给人留下轻薄的印象。

情感的交流。异性同事之间尤其要注意，如果在感情和婚姻上不如意，对异性同事不宜过多倾诉，否则会被对方认为你有移情的想法。如果同事把你当成听众时，你不妨向对方多谈谈自己婚姻生活中美好的一面，交流对感情的观点和态度是无可厚非的。如果在同事中有关系很好的异性，也要注意不能在其他同事面前表现得太亲密。

示弱与示强。女性可以在适当的时候“示弱”一下，比方说打扫卫生的时候，一些重的家具不要自己咬着牙去搬，可以请身边的男士帮忙，这样的举动不但不会引来反感，还会消除异性的陌生感。男士要在公共场合主动承担“保驾”的义务，考虑周全、处世老练、意志坚强的男士更容易获得异性的赞赏。

根据职业特点选择衣着

就算你和他只是普通的朋友关系，并且谁也没有打算把对方培养成情人或伴侣，那也要注意异性交往原则，在社交活动中，适当强调自己的性别会使沟通之路通畅许多。相反，如果把所有异性当成猎物，或者隐藏自己的性别特征，是不符合礼仪规范的，也会让与你接触的异性无所适从。

1. 男性在女性面前言行肆无忌惮。过分的黄色笑话、光上身、讲自己的艳遇都是不可取的。

2. 女性过分展示自己的妩媚。过分的妩媚等同于勾引。异性会认为你轻浮，妩媚的女性会被想当然地认为没有工作能力。

3. 把自己当成男人。一切都要和男人争个高低，在男人的面前扛起一大桶饮用水——这样的女性你敢接近吗?

4. 小气的没有绅士风度的男人。男女平等，不过男人如果主动买单会给异性留下更好的印象，女性也会在心中多一些赞许和感激之情。

5. 和异性过分打闹。年轻的男性和女性都要忌讳和异性打闹得太过火。这样的行为让对方的爱人看到，免不了发生一起不小的争端。

守时是每位乘客的义务

出行休闲

·乘车

人生便是长长短短的旅途。在某个站台上的等候，在某节车厢里的深思，在某个路口的停驻，都体现出一个人的生活态度和内涵修养。

乘火车最怕遇上无礼的学生。他们会派几个身强力壮的男生抢先上车，然后用书包或者行李占好多个座位，等待后上车的同学。这个时候无论是老人还是孩子从他们身边走过，他们都会摆出一副理所当然的表情，死死护住他们所占领的座位不放。而更让人感到无奈的是，他们所占的座位总是多于他们的人数，这样等火车启动之后，他们身边还会多出许多座位来，他们会在座位上摆满东西，打起扑克并且高声叫嚷。而这个时候，肯定还有找不到座位的乘客只能站在过道或者车厢的连接处。

正因为我们乘坐火车等交通工具时常常会遇到这样无礼的人，又没有几个能像《我的野蛮女友》中的全智贤那样站出来，指出他们的无礼，所以我们只有规范自己的乘车习惯。一个人在旅途中的某些习惯能暴露出他骨子里是否谦恭有礼、心地是否善良、性格是否温和、文化底蕴是否深厚。

乘火车的礼仪。乘坐火车时首先要保持秩序，无论是在买票时，还是在检票、上车时，都要保持仪态，遵守秩序。排队这一行为在西方发达国家是司空见惯的事情，相反，中国人习惯的“加塞儿”在他们看来才是不可理解的。其实，乘火车时如果大家都排队买票、检票、上车，速度会远比扎堆快。道理似乎人人都懂，难点在于，如果看见其他人都在往售票口挤，你能否从自己的这一环开始保持队形。也正是这一点才能让你在社交场合中保持出众的形象。

在火车上要主动给抱小孩的乘客和老年人让路让座，吃剩下的果皮、包装袋、纸屑要收拾干净扔进车厢连接处的垃圾桶里，千万不能向车窗外扔东西。在火车上不要大声喧哗，如果车厢内空位很多，不要把脚搭在旁边的座位上，更不能把鞋脱下来，把长坐椅当成自家的床铺。在车厢内特别拥挤的情况下，要把自己体积庞大的行李放在行李架上，并且要放平稳，不能背着硕大的行李在人群中左挤右挤。

文明礼让才能让人愉快出行

乘公共汽车

乘出租车的礼仪。乘出租车和乘坐其他轿车一样，要注意自己上车的姿势。上车的一瞬间能把女人彻底划分出三六九等来，想象一下，一位举止得体、衣着时尚的女士，如果不注意上车的一瞬间，先把头伸进车内，然后伸进两只胳膊撑着车座，撅着屁股爬进车里。而另一位上车姿势毫无破绽的女士先站在座位边上，把身体降低，让臀部坐到位子上，再将双腿一起收进车里。在这个过程中，她的双膝一直保持合并的姿势。相比较，你会给两位女士划归哪个等级呢。

打车的动作也能暴露一个人的礼仪修养。在任何情况下，都不要把打车的动作做成呼救的姿势，在保持合适站姿的基础上，向驶近的出租车挥手。挥手的动作幅度要小，而且只要摆动两至三下就可以了。在打车的动作过程中，要尽量保持微笑的表情，上车后也要礼貌地向司机说明目的地。

乘公共汽车的礼仪。乘公共汽车和乘坐火车等交通工具一样，车到站时应依次排队，对妇女、儿童、老年人及病残者要照顾谦让。如果是男士，上车以后急急忙忙地抢占座位是很让人不齿的，如果和其他女士面对仅有的一个座位，男士理应让女士先坐。有的人喜欢把自己的包放在座位上，而自己站在一旁，这样做似乎有自己的道理，不过会给其他站着的乘客留下自负的印象。

在公共汽车上，人与人之间要尽可能地保持一定的距离，如果车在闹市区行驶，会出现急刹车等紧急情况，此时要扶好手中的扶手，不要放任自己的身体倒向其他人。情侣之间也要保持一定的距离，公共汽车上毕竟不同于私人房间，亲密自然要有个限度，更不要让自己的女朋友或男朋友坐在自己的腿上。乘坐公共汽车时还应该注意，如果自己不下车，就不要站在后门口，以免影响其他人下车。

穿高跟鞋乘公共汽车的女士，一定要小心，不要让自己尖尖的鞋跟伤到其他乘客的脚，如果不小心踩到他人，要立刻道歉示意，避免无谓的争端。

乘车时，座位之尊卑也各有不同。如果是乘坐别人的私家车，一般情况下要坐在副驾驶的位置上，这样方便与车主交流，如果坐在后座，看上去像是把车主当成自己的司机了，如果是车主请你坐后面的位置，那就要注意乘车时尽量少说话，也许车主还是个开车的新手，或者他当时心情不佳。吉普车无论是主人驾驶还是司机驾驶，都应以前排右座为尊，后排右侧次之，后排左侧为末席。旅行车以司机座后第一排——即前排为尊，后排依次为小。乘车禁忌：

1. 抢座、占座、不让座。
2. 在车上高声谈笑、打闹。
3. 乘坐出租车时对司机无礼、让司机违章行驶、频繁与司机攀谈。
4. 太长时间占用火车的卫生间，如厕后不冲水，乱扔卫生纸等。
5. 把杂物、垃圾留在他人的私家车内。

“飞”得优雅

· 乘飞机

如果一不小心成了“空中飞人”，那就要让自己“飞”得自信，“飞”得优雅。乘飞机时，只要从容把握礼仪，坐在你身边的无论是明星还是政客都会对你刮目相看。

娱乐圈的人大概很容易在飞机上相遇吧。不过虽然都是红极一时的明星，在飞机上却都是平民身份，有的人喜欢时刻让自己保持高高在上的姿态，甚至在飞机上也要有大牌样子，这样就会引起许多口舌纠纷。Tom 网的娱乐频道和 sina 网的音乐频道都报道过这样一则消息——演艺人员黄先生对某超女在飞机上的表现很不齿。

他说当时他在自己的位子上看报纸，这位超女戴着墨镜用很鄙夷的眼神望着他，给他脸色看。他当时见到有乘客走过来，就马上缩起脚让她进去，但是她还是用那种表情看着他，又不说话，不知道她想怎样。然后黄先生又坐正继续看报纸，旁边就有人拍黄先生的肩膀叫他让开。据黄先生说，当时他很气愤，叫来乘务员要求换位子。

对于这样的口舌之争，我们没有评判是非的权力，也没有评判是非的必要。不过乘坐飞机确实更应该讲究礼仪。因为坐在你身边的人，说不定就是手握话语权的公众人物，在飞机上的言谈举止更能体现一个人的修养。

登机礼仪

乘客登机时要对空姐表示友好，必要的话可以点头致意。飞机难免会有误点或改降、迫降的情况，这时也不要紧张，更不能向空姐发火。

登机后不要抢座位，应该对号入座，坐卧的姿势以不妨碍他人为好。如果感到闷热，可以打开座位上方的通风阀，也可以脱下外衣，不过就算再热也不要穿得太随便，不能像在自己家里一样赤膊，需要更衣要去洗手间。

要尽快放好物品坐下，不要在飞机通道站太长时间。随身行李要放在行李架上或者座位下面，并且要放牢固，以免东西脱落砸伤其他乘客。

飞机在起飞与降落时要系好安全带，关好移动电话、手提电脑、激光唱机、调频收音机等电子设备。当空中小姐在为大家解说逃生方法时，不要喧哗，就算你对她所讲的耳熟能详，也不要影响他人倾听。

飞机飞行中的礼仪

在机上与人交谈时要选择一些轻松的话题，避开那些可能吓着别人的话题，如：劫机、坠机等空难事件。当察觉身边的乘客不愿意交谈时要识相地闭嘴，机舱是公共空间，不能唠叨个不停，更不能大声喧哗。

及时更换登机牌确保行程顺利

飞机上的一些设备都各有其功用，在不了解的情况之下不要随便乱动。这样的结果可能是损坏物品，也可能给飞机带来安全隐患。使用飞机上的洗手间，应关好门，灯亮后表示门已锁好。使用洗手间的时间不宜过长，避免外面的人焦急地等待。男士使用洗手间时要将坐垫掀起，离开前要擦干洗脸台，以方便下一位旅客使用。飞机上的卫生间里是不允许吸烟的。

在飞机上用餐时，取餐要适量，能吃下多少就取多少，不要贪得无厌地叫很多东西。进餐时，应将椅背竖直，并将前座背后的小桌拉放下来以便服务员将菜盘放上。如果有特殊饮食习惯，如吃素，要提前向服务人员说明。

下机礼仪

飞机快要降落的时候，不要兴奋地在座位上乱动，更不要站起来走动或搬动行李。待飞机平稳降落后才可以起来活动。

如果下机时找不到自己的行李，也不要气急败坏地向乘务员抱怨，正常情况下，如果你的物品因机组工作的失误造成损坏或丢失，会得到航空公司的赔偿。

由于飞机上的空间相对狭小，再加上乘飞机旅行在安全保障方面有一定的特殊性，所以在飞机上的某些举动会令人深恶痛绝，比方说：

1. 把香水库搬上飞机。飞机机舱内

通风不良，因此，不要过多地使用香水，也不要使用味道浓重的化妆品。即便是你本人非常喜欢的香型，也会给他人带来困扰。

2. 对空乘人员颐指气使。空乘人员的工作非常重要，他们承担着保护乘客安全的重要职责。不要把乘务员当成你的私人保姆，不要故意为难她们。

3. 要求乘务员提供奇特的食品。如果自己在饮食方面有特殊要求，应该事先声明或者自己想办法解决。

4. 把坐椅靠背放得过低。飞机上两排坐椅之间的距离通常比较狭窄，假如坐椅靠背放得很低，后面乘客的腿便很难伸开，那就相当于占用了他人的空间。在旅途中也不要突然把坐椅放下，应该事前向坐在自己后面的乘客说明。

5. 不雅的着装。如果是商务旅行，那你需要时刻保持你的职业形象。说不定坐在你身边的人恰恰就是能助你谈成项目的重要人物。

6. 脱鞋。机舱是公共空间，切不要只图自己舒适，让其他人忍受你的气味。

待飞机平稳降落后才可以起来活动

知礼懂节，风度优雅乘电梯

· 乘电梯

在电梯这个特殊的地点，环境是封闭的，站在离自己不足 1.5 米的人又是陌生的，在电梯里，很多人在心理上需要额外承受一些什么，一些无法用语言表达的东西，所以乘坐电梯更需要知礼节，需要更多的儒雅风度。

曾经有人在网上发了一则帖子，号召大家在乘坐商场的滚梯时自觉地靠右站立，以便留出左侧的滚梯空间应急，或者给赶时间的乘客使用。他声称，在石家庄逛商场时发现乘电梯的秩序十分混乱，而在北京等城市，人们都会自觉地靠右站立，在北京地铁口的墙壁上还贴有“乘电梯靠右站立”的标示牌。这是国际惯例，目的是留空间给有急事的人通行。该帖发出后，网友纷纷跟帖，甚至出现了观点对峙的场面。曾有媒体对上下电梯靠右站立是国际惯例作了暗访调查，被暗访的人中有 90% 不知道这个国际惯例。也有人持赞成的态度，认为这也是一种人性化的考虑，应该提倡。不管站在哪边，都是为了给别人提供方便，虽然空隙不大，但真遇到急事就派上用场了，应该提倡让更多的人来自觉遵守。

乘坐升降电梯和滚动扶梯需要注意的事项各有不同。乘坐升降电梯时，要确定按下电梯升或降的按钮，然后站在电梯门外耐心等待。在等电梯的时间里不要做出不耐烦的样子，尤其是身边有同行的人或者陌生乘客的时候，要保持优雅的站姿，遇到熟人要自然地点头示意或者打招呼。等电梯的时候不要站在电梯的正门口，这样走出电梯的人会被你挡住去路。也不要为了躲避熟人，就只顾自己站在角落里低着头一言不发。

电梯开门后要站在门的右侧，留出左侧的路让电梯内的人走出来。这个时刻切忌一个箭步冲进电梯里，把整个上下电梯的秩序都搞乱了。这样的举动会使电梯内外的乘客产生厌恶，是无礼之举。进入电梯也要讲秩序，要让长辈、女士先进，首先进入电梯的人，要快速按下目标楼层按钮，并且站在电梯间靠里的位置，好留出空间给后面的乘客。如果在进入电梯的同时，在走出电梯的人里发现熟人，可以简单地打声招呼，不过不能拉住对方聊个没完，这样会把出入电梯的所有人的注意力都吸引到你们两个身上，就算是多年未见的朋友，也要到远离电梯的位置叙旧。如果电梯超员，那么最后走进电梯的人理应撤出电梯，如果在这个时候僵持不下，大家面面相觑，任由电梯超员的铃音响个不停，那么局面就会越来越尴尬。

在电梯内的时刻会比较难熬。想想看，电梯的空间狭小，也没有窗户或者其他吸引人注意力的东西，如果电梯里只有你和另外一两个陌生人，气氛会让人窒息，偶尔吞咽口水的声音或者咳嗽的声音都会被无限放大。相反，如果电梯里挤满了人，

让出左侧，留给急行的人

你可能碰到陌生人的衣角或者踩到陌生人的鞋，这时电梯里每个人的身体都是紧绷的，生怕影响到别人。如果恰巧电梯里又有相熟的两个人，交谈还是不交谈都成了问题。我们的解决办法是，如果是与少数的几个人乘坐电梯，要尽量使自己呈自然放松的状态，这样即使不和陌生人交流，也会让对方感到自然和放松。如果是在很拥挤的电梯里，尽量不要有转身这样的大动作，以防止随身的包包碰到他人。如果在电梯间里碰到熟悉的人，尽量不要夸夸其谈，如果需要沟通，谈话尽量简短，声音也要小。

如果想要按下目标楼层的按钮，可以请靠近电梯的人帮忙，别忘了说“谢谢”。也可以自己伸手去按，这时如果有人挡在按钮前面，可以说声“劳驾”。在人多的电梯里尽量留出楼层按钮前的位置，不要死死地挡住按钮。也可以主动询问其他人要去的楼层，主动帮忙按下按钮。

在电梯关门的一刹那，如果有人急着乘坐电梯，应该及时地按下电梯的“开门”按钮，让对方上来。不要为了节省时间，或者独自乘坐电梯而把他人关在电梯外。这样的举动很让人气愤。

在电梯里碰到领导，要主动打招呼。这是基本的礼貌，也是对领导尊严的维护。至于其他方面的交谈，那就看领导的了。

乘坐滚梯时脚下要稳。最好不要两人并排站在扶梯上，也不要一个人站在扶梯中间，两手张开扶住两侧的扶手。在扶梯上不要扛重物，这样站在你身后的人会很没有安全感。上下扶梯时也要有秩序，在走下扶梯时一定要小心脚下，不要让你脚下的闪失把身后的人都堵在扶梯口。

乘坐电梯或滚梯的注意事项：

1. 不要在电梯内蹦跳。

2. 不要在电梯内表现得过于活跃。不要大声说话或者唱歌。

3. 电梯里只有你一个人时，不要把电梯当成更衣室，整理衣服、摆弄头发。

4. 不要把急着赶电梯的人关在门外。

5. 电梯里遇到同事、朋友不能视若陌路。

6. 遇到领导不能回避，更不能谈论工作中的敏感话题。

7. 不要在滚梯上逆行。

在游泳池里一定要穿游泳衣

· 游泳

同学经常晚上去游泳池游泳，有一次游泳回来他给我讲了一个细节：可能是因为天气凉了，那天游泳池里的人不算太多了。他在水中看到一对年轻的恋人靠在池边忘我地热吻，那份投入啊！同学说：“我都不好意思往那边游，旁边三四个小朋友隔着两三米的距离看着并交头接耳……”同学游泳的水平我最清楚，手臂划动三下才能游出去 1 米远，不过就以他的速度，在泳道游了三个来回了，那对小情侣还没有分开的意思。

游泳池是个不折不扣的公共场所，与其他公共场所不同的只是需要特殊着装。但是游泳装毕竟和睡衣、内衣是不同的，池边的长椅也不是自家的沙发，所以在游泳池里亲热所带来的“震撼”效果相当大，就跟在马路上裸奔和在广场上洗澡一样。

说到特殊着装，游泳池里一定要穿游泳衣！这一条没有人对你耳提面命，不过穿上游泳衣不但能展示你的美好身材，也能展示你的良好礼仪修养。男性在穿游泳衣方面容易出现漏洞：随便穿了条短裤就下水。普通布料的短裤，沾了水以后会有一点透明，而且这样的布料会紧贴在身上，还会出现不雅观的褶皱。也有人会穿着日常衣服进入游泳池，不过这样的形象也会与整个游泳池的环境不协调。想象一下，所有人都穿着色彩鲜艳的游泳衣，只有你一个人把自己包裹得特别严实，所有人都在享受水中的畅游乐趣，只有你一个人像个陆上动物一样在到处湿漉漉的游泳池里小心翼翼地走来走去……

在游泳池里，除了要穿合体、美观的游泳衣外，还要戴泳镜和泳帽。从安全角度来说，泳镜能让你的眼睛免受水中细菌的侵害，还能让你更清楚地看清水下的情况，避免冒失地撞到池壁。泳帽能起到护发的作用，也能防止脱落的头发掉在游泳池的各个角落，这样不仅保持了游泳池内的卫生，也方便工作人员打扫，同时，从水里钻出来的你如果头上有泳帽拢住头发，也能让整个人显得整洁、大方，不会被误认为水鬼。

进入游泳池前要仔细阅读游泳场馆提供的安全须知及游泳指南。应当了解什么地方是深水区、浅水区以及救生员、器材的位置。 还要分清男女更衣间的大致方向，走错更衣间这样的错误不大容易发生，不过发生的话恐怕连游泳的兴致也没有了。除此之外，还要确定自己的身体状况是否适合进入游泳池，由于游泳池里的水可能传染部分疾病，所以有皮肤病、病毒性肝炎、红眼病、呼吸系统疾病的人要远离游泳池。这一规则已经不仅仅停留在礼仪层面，还是道德的要求。

选择和加入某泳道。选择泳道时要选择其他游泳者与你的速度相近的泳道，在加入之前，先与其中的游泳者打招呼，让他们知道你准备加入。如果他们在不停地游，那么你最好用脚先入水，滑入这条泳道的右边角落，并在那里停留足够的时间，使每个人经过时都能看到有新人加入。

在游泳的过程中，如果你发现自己不断地超越别人，或经常被别人超越，那么应考虑换一条泳道。因为游泳者的速度不同，在同一泳道里容易发生危险，而且也不利于各自水平的发挥。

右侧通行，循环游进。只要某泳道的人超过两个，那么就应该用循环游进的方式，以避免头部相撞。也就是说，每人沿泳道的一侧向同一方向游进，返回时沿另外一侧。就像在路上应该始终靠右行走一样。如果希望获得同游者的尊敬，你应当同样尊敬别人。所以就算你对自己的游泳技术和形象都有足够的信心，也不能逆向游泳。如果大家都守规矩，再拥挤的泳道也会变得宽敞，并且充满温情和快乐。

此外，在游泳池内还要注意个人卫生。下水前用水冲身，不要将汗水带入池中。不能在水中吐痰、小便，游泳池里的水是公共设施，如果让自己的排泄物污染了水，那其他人受苦不说，连你自己也泡在自己的排泄物里了。

在游泳的过程中要小心谨慎，不要踢到其他的泳伴。如果不小心伤到了其他人，要主动道歉致意。即使你和很多志同道合的朋友一起去游泳，也不能肆无忌惮地在游泳池里打闹，这样会把水里的秩序打乱，影响其他人正常游泳。

在游泳池里，如果想成为众人目光的焦点，有两条路可走。一是拥有无懈可击的魔鬼身材，这样穿上泳衣会使身边的众女性黯然失色；另外一条路不推荐给大家，那

泳池内不宜过于亲密

就是不注重礼仪的怪异举动。这样的举动会遭到众人恶毒的眼光，一定要避免：

1. 把游泳池当成浴池，旷日持久地洗啊洗。

2. 在游泳池中做搓澡的动作。有的人习惯性地站在水里用手搓身上的泥，即使身上本没有什么泥，也会有人想象你把自己身上的脏物搓进了水里。

3. 在水中小便，虽然泳池内水很多，足够稀释你的尿，但这毕竟是公众场所，不卫生。就算是动作很隐蔽，可是你自己也在水中啊！

4. 在水中嬉戏打闹。逞一时之快，不仅危及自身安全，还会影响到其他游泳的人。

5. 在游泳池里举止过于亲密。情感是私人的事情，亲密的举止只应发生在私密场所。毕竟游泳池里还有其他人，不是在自己家里，可以为所欲为。

注重礼仪，让旅行更加惬意

·旅游

旅游这个字眼儿会让人联想到惬意、自然、随性等美好的词汇。不过旅游中的一些举止会暴露你的无礼和低俗。

湖南的冷水江市有一个国家级风景名胜区——波月洞。洞内的钟乳石组成的“鹅管群”是由天然的钟乳石经过了数世纪点滴聚积而成，价值连城。不过游客谢某在这里惹了不小的麻烦。

谢某与几位朋友到波月洞内参观，在洞内由钟乳石组成的“鹅管群”景点处，谢某无聊中把还剩有部分矿泉水的瓶子乱扔，砸向“鹅管群”，当场造成三根“空心鹅管”折断跌落。

专家认为，“空心鹅管”系天然钟乳石经过数世纪点滴聚积而成，波月洞这样密度高、阔面积的“空心鹅管群”更是价值连城，这三根“空心鹅管”的损失是无法估算的。波月洞管理处要求谢某赔偿景区 176 万元。这件事几经辗转，考虑到谢某的赔偿能力和认错态度，景区管理处最后同意对谢某从轻处理，由谢某赔偿管理处 12000 元。

旅游度假，本是一件很美好的事情，可是那个多余的矿泉水瓶给谢某带来的心境却一点儿也不美好。旅游的目的是舒缓神经，卸掉城市里的工作压力，抛一个矿泉水瓶，把整个旅游景区的美感全部破坏了不说，还要面临复杂的官司，何苦！

旅游观光者应爱护旅游观光区的公共财物。对公共建筑、设施和文物古迹，甚至花草树木，都不能随意破坏；不能在柱、墙、碑等建筑物上乱写、乱画、乱刻，像“XXX 到此一游”这样的行为是幼稚透顶的人才干的；不要随地吐痰、随地大小便、污染环境；不要乱扔果皮、纸屑、杂物。在这些守则里，有一些甚至也可以用到日常生活中去，只不过在旅游景点做出这样的事儿来，会遭到更多人的白眼。

旅行中有比景色更重要的东西，那就是人。如果跟随旅游团出行，一定要注意自己在其他游客眼中的形象，要以平等的心态关心身边的人，也要尊重导游的劳动。在印度洋海啸时期，杭州一位年轻的女导游为了把自己的 24 位游客一个不少地带回祖国，付出了很多努力，同时也得到了团里诸位游客的鼎力支持，游客之间也互相帮助，他们还在危难关头帮助一位受了重伤的外国游客，相信这同甘共苦的旅游经历比美景更美，这段旅游经历对所有的游客而言也更有意义。

远游或境外旅游更要讲诚信。澳大利亚、新西兰等国家规定，游客入境时严禁携带食物。曾经有一个北京的“夕阳红”旅游团，在海关被查出某位游客的行李中有两个苹果，按照规定，一个苹果应罚款 400 澳元，后来几经交涉，最终罚款减半，因为两个苹果，需要交相当于人民币 2000 元左右的罚款。这还不算，“中国人不如实填写申报”的印象也留在了异国他乡。旅游是放松的活动，但这个放松也需要有诚信约束，诚信是到任何时刻、任何场合都需要的品德，只有本着诚信的态度去旅游才能看见世间真正的风景。

旅游时要看护好自己的孩子。在马尔代夫的海滩上，一个十来岁的小男孩看着刚才游玩时留下的一堆果皮灵机一动，在沙滩上挖了个坑“就地解决”。没想到，他刚转过身去，事情就“败露”了：一个大浪冲来，海面上顿时漂浮起一层垃圾。管理人员找到小男孩的时候，小男孩说：“我没有随便扔垃圾呀，我就是不想随便扔垃圾才把它埋在沙滩下面。”由于缺乏旅游方面的行为教育，孩子只知道有些事情是旅游中的禁忌，却不清楚用另一种行为来掩盖禁忌是错上加错。旅游时如果带上自己的孩子，要在出门前就叮嘱孩子注意礼仪事项，并且要在旅游途中全程留意自己和孩子的行为举止。

世界各地都有兴旺发达的旅游业

世界各地都有兴旺发达的旅游业，不过因为各国文化和生活习惯的不同，旅游的习俗也各不相同。我们在旅游中经常出现的问题有以下几点：

1. 肮脏。没有公德心，不注意公共卫生，所过之处垃圾满地。

2. 吵闹。中国人讲究热闹，不过有时候我们的“吵”连我们自己都难以忍受。

3. 争抢。买票也好，乘车也好，谦让的礼节在旅游的人群中显得微不足道。

4. 粗鲁。旅途中有些旅客缺乏对他人起码的尊重及礼仪。尤其是对当地人和宾馆、饭店的服务人员，问完路如果连一句“谢谢”都不说就扬长而去，那就得反思反思了。

5. 挑逗。出了国门旅游，也不能跟所有当地人都挑逗似的说“Hello”，在欧洲的许多国家如德国，随便跟人说“Hello”表示友好会招来反感。

6. 撒泼。一些游客认为自己是付款的人，就理应受到至高无上的待遇。碰到不顺心的事，不是粗言恶语就是拳脚相加。

7. 小气。有人旅游回来，会把旅游区内的石头、植物带回来，这是破坏生态环境的行为，每个人都带走一点东西，景点的日子就要不好过了。

· 购物

人在购物时的言行可以影响到其他人，也会给自己带来不一样的心情，购物时说什么、做什么也要遵循礼仪规范。

和不少女生一样，Aida 骨子里是个购物狂。不过就算是购物经验丰富的姐妹，恐怕也没有 Aida 那样细心，她在试衣服时，会先擦掉自己的口红。

这个习惯源于一次购物经历：Aida 到当地颇有名的一家商场购物，发现一条很别致的白色连衣裙，标价不低，不过 Aida 还是决定试穿一下。

就在她脱下连衣裙的时候，发现裙子的领口有一抹口红印。Aida 那天的确是擦了口红的，不过她在试衣服的时候已经很小心了，那个口红印应该不会是她造成的。不过看见店员一脸为难，Aida 猜想如果她不买，这损失看来是要由店员承担了，Aida 就决定买下来，不管那个口红印是不是她造成的。

后来 Aida 就养成了在试衣服前用纸擦掉嘴唇上的口红的习惯，试衣服的时候也十分小心，不让睫毛膏、眼影等碰着衣服。Aida 认为这样做不仅给自己带来了方便，也给店减少了麻烦。如果习惯这样做了，即使在下次试衣服的时候还是发现口红印，那自己心里也应该清楚不是自己造成的，那样即使不买，也可以心安理得了。

购物是所有人都要面临的问题。人在购物时的言行可以影响到其他人，也会给自己带来不一样的心情，购物时说什么、做什么也要遵循礼仪规范。

在商场购买商品时，要用恳切的声调招呼售货员，不要喊“喂！喂”，更不能盛气凌人，用命令式的语气说话。当售货员正在为别的顾客服务时，应在旁稍等片刻，

购物时，用恳切的声调招呼售货员

购物已融入生活方式

不能摆出一副“唯我独尊”的架势，用手猛敲柜台或橱窗。

在挑选商品时，不要太挑剔。事先自己要对想买的商品有基本的要求，这样服务员推荐或介绍起来也可以有的放矢，节省了双方的时间。购买衣物时，要选择自己最喜欢的一件试穿，不要试完了这件试那件，自己一点主意都没有。在挑选陶瓷制品和家居用品这些容易损坏的东西时，要小心谨慎，如果一不小心损坏了物品，要主动赔偿或者把损坏的物品买下来。

如果售货员在为你服务时发生了差错，如报错价、找错钱、拿错商品等等，应表现出谅解的态度。遇到态度不好的售货员时，也不要让自己生气，不必与之争吵，涉及原则性问题可以找商店负责人说明情况，要求解决。总之购物时产生纠纷要保证自己有一份愉快的心情，花钱是为了买心爱的东西，不是为了买恶劣情绪的。

超市购物也有讲究。在超市购物，最方便的就是所有商品都可以自由选择，不过自由不代表没有约束，很简单的原则就是，如果挑选了某件物品又不想购买了，就应该把它放回原处。以前在超市看见过这样的情况：一个人拿了一盒冻鱼，结账前又决定不买了，他就把冻鱼放在了还未出售的枕头边上。如果超市内的理货员不能及时发现那盒冻鱼，那么很可能那个枕头也要跟着遭殃了。

自由购物，有秩序地结账

标明了“请勿品尝”字样的商品，就不要凑过去尝尝味道。否则自己倒是方便了，却也给超市和其他顾客带来了不良影响。尤其是对卫生环境要求很高的产品，用手抓来品尝后，恐怕下一位顾客要买走你手上的细菌了。

不要乱揭乱粘商品的价签。有人把价格较贵的牙膏换装到价格便宜的牙膏盒里，这样做省不了多少钱，却丢失了做人最重要的诚信原则。

买到家的商品发现不如意，可以申请退货。不过退货也要讲规则，首先是时间，一般商品的退货期限是 7 天，在商场等信誉好的场所购物，在 7 天之内退货是很正当的要求，也不会遇到什么障碍。退货时要带好商品的原包装，比如鞋盒、礼品盒、食品盒、电器包装盒等。还要带上当初购物时商场给你的购物凭证。在退货时大可不必抱着与商场员工争吵的架势，这样反而容易引起矛盾，导致退货不成功。对待商场员工应该和气友善，心平气和地向其说明退货的实际原因，这才是解决问题的积极态度。食品、内衣和洗过的衣服是不能退换的。

购物时会遇到形形色色的人，有一些行为不仅店员无法忍受，连其他顾客也无法忍受。

1. 带宠物进商场或超市。
2. 对店员颐指气使。
3. 在商场内追逐打闹。
4. 付款时插队。
5. 买很多东西却不使用购物篮或购物车。
6. 选择商品时过分挑剔。
7. 对其他试衣服的顾客品头论足、挖苦讽刺。
8. 乱拿乱放商场或超市里的商品。

送礼的过程一定要公开大方

· 礼物

我们会在日常生活中接触很多礼物：送给他人的，他人赠送的。商务活动中，礼物不在轻重，赠送的方式和礼仪才最重要。

从小到大，收到过各种各样的礼物，玩具熊、音乐盒、明星卡片、书……虽然礼物很多，但是多年以后从柜子里拿出来时，却已经分不清哪件礼物是哪位朋友送的了，因为年代实在是太久远了。不过看到过一对情侣送给他们的一位好朋友的礼物，虽然收到礼物的并不是我，可是我能够想象得到，接受礼物的人永生也不会忘记送给她礼物的两个朋友。

那是一个日记本。很普通的装帧，封面也很素雅，似乎这算不上什么特别的礼物。不过翻开日记本，里面却别有洞天——在日记本的每一页，都有接受礼物的女孩和她男朋友的照片。事情是这样的，情侣和女孩是从小玩到大的朋友，现在女孩要结婚了，并且要和男朋友一起到外地去生活，于是四个人约好了一起去郊外玩，在游玩的过程中，这对情侣给女孩和她的男朋友抓拍了好多张很活泼的照片。为了欢送并且祝福从小就认识的朋友，这对情侣把这些照片冲洗出来，贴在日记本的每一页上，送给女孩作为礼物，同时也祝福女孩和她的男朋友婚姻幸福美满。

我亲眼看到女孩收到礼物时的眼神，那样专注地看每张照片的每个细节，这对细心的情侣还在照片的旁边附上了简短的说明，看得出来，女孩对这份礼物喜欢得不得了，从这份礼物也看得出来那对情侣对这份礼物

礼物是向对方表达心意的物质体现

的用心。

我们也会在日常生活中接触不同的礼物。这些礼物有的是自己送出去的，有的是别人送给你的。但是在商务活动或办公场合中，礼物的选择和赠送都是特殊的礼仪。礼尚往来是商务活动的形式之一，是向对方表达心意的物质表现。在商务活动中，为了向客户或合作伙伴表示恭贺、感谢、慰问之意，常常需要赠送礼物，以增进友谊与合作。

中国人在送礼时习惯说“礼不好，请笑纳。”并且按照中国含蓄保守的传统，在受礼时还会说“受之有愧”等自谦语。不过这些送礼和收礼的客套话在西方国家不通用，所以跨国的商务活动，在接受礼物和赠送礼物时，要更直白地更坦率地表达感谢之意。

送礼的花费不必太大，礼品也不必太贵重。送人太贵重的礼物不妥当，易引起“重礼之下，必有所求”的猜测。普通的生活化的礼物更容易在商务活动中赢得好感。如纪念品、鲜花等。

送人礼物时，无论礼物的价值如何，都要为礼物选择一个好包装，往往包装才是最能体现送礼人心意的地方，就算你只送给对方一枚胸针，但是打开层层包装纸的感觉会让你的礼物有价值连城之感。

送礼的过程一定要公开大方，不要把礼品不声不响地丢在某个角落然后离开。

如果不是特殊原因，接到礼物时不能拒绝。如果因为一些特定的原因不能接受，那么态度应该委婉而坚决。

出差或外出旅行时，免不了要给自己的同事或家人带上一些礼物。通常礼物不用太昂贵，不过购买礼物时要考虑到接受礼物的所有人。就是说不要只给 A 买了礼物，却没有给同样是同事的 B 准备礼物。如果需要送不同的人不同的礼物，那就不要让礼物的价值相差太大。赠送给同事一份小纪念品或者当地的特产，是不错的选择。

赠送上司的礼物不要太昂贵。其实最简单的方法就是赠送上司和其他同事一样的礼物。其实大家都知道，上司关注的并不是你出差给他带回了什么礼物，而是出差过程中为公司赢得的利益。

如果你想送给朋友或关系亲密的同事一份特别的礼物，那么就要在生活中留意他的喜好。比如在拜访朋友家时，你可能注意到主人有一些特别的收藏爱好，如：集邮、集币或收集其他一些有纪念意义的东西，那么下次当你再来拜访这家人时，就一定要记住带一些这样的小礼物来。

如今礼物的形式也很多样，在电台点一首歌送给过生日的同学、送一束鲜花给自己的亲友，都是很普遍的礼物，还有人喜欢通过电子邮件发送贺卡给自己的朋友，给他送上一份祝福。

送礼本来是一件好事，不过如果礼物选择不当，或者在赠送过程中缺乏一定的社交礼节，那儿很可能你的礼物就起不到祝福和赢得好感的作用。

1. 送礼不看人。要看人送礼，这个意思并不是说你要把贵重的礼物送给位高权重的人，而是要看对方的喜好和需要。在送礼之前，必先对受礼者的个性、教育程度、风俗习惯、经济状况等加以分析，那样就不会失礼了。

2. 随意赠送现金。西方很多国家忌讳把现金作为礼物。所以在国内的商务活动中，送现金的时候也要慎重。总之既要彼此节约，又要顾到礼数，不要勉强摆阔才好。

3. 送无包装的礼物。如果不是最亲密的朋友，就不要把没有包装好的礼物摆出来。

这是对受礼者基本的尊重，同时，包装体现了你用心的态度。

4. 回赠等值的礼物。只要用心替对方选择一件适当的礼物即可，没有必要斤斤计较，如果一定要送一份价值毫厘不差的礼物，自己累心劳力不说，让对方看穿了反倒不如不送。

如今礼物的形式也很多样

食的举止和神态要接受公众的审美考验

餐饮娱乐

·吃中餐

食与色有本质上的不同。食是一种公共行为，从社交的角度来说，“食”更像是一种表演，食的举止和神态要接受公众的审美考验。

多年未见的同学，相约在大学时常去的餐馆聚会，餐馆的环境没有太大的变化，昔日同学却各自有了一些新的感觉，点餐前大家就迫不及待地攀谈起来，谈着各自的生活近况及大学往事。服务员把菜谱交到大家手上，因为同学们的口味都没有什么太大变化，所以点餐的速度很快，默契依旧。不过轮到大武老兄时，七嘴八舌的气氛还是出现了短暂的失语，大武大咧咧地举着菜谱对大家说：“多点肉菜！挑贵的点！”

不同地域、不同场合的用餐习惯不同

事后想想，颇像《水浒传》中的梁山好汉——“店家，腹中饥饿，速弄些好肉好酒来！”

不同地域、不同场合的用餐习惯不同，而随着交际圈子的扩大，我们也要面对各种各样的餐桌、宴会。为了不给别人造成麻烦，也为了让自己在餐桌上自然地、娴熟地与人交往，我们需要牢记餐桌上的常用礼仪。

如果是约定好的聚会，赴宴时尽量不要带太多随身物，先购物然后带着大包小包去赴宴显然是不合适的。要按照约定的时间到达约定的地点，如果有事情耽搁了一小会儿，要向组织者打电话事先说明。

落座时可以请男士帮你拉开椅子，如果是自己拉开椅子，要小心别让椅子发出太大的声响。坐在椅子上时应坐直，不要紧靠在椅背上，双眼正视前方，别垂头逃避他人的视线。手腕可自然地放在桌子边缘上，但是双手的手肘不能放在桌子上。

主人会请你点菜。这个时候不用客气，可以选一道自己喜欢吃的菜，并且征询其他人的意见。点菜的时候要大方，可以请侍应生介绍店里的招牌菜，也要适当顾及其他人的口味以及整个餐桌上菜时的协调。点菜的时候切忌没有自己的观点，最好不要只说“随便”，这样会让主人为难，也会影响点菜的速度。通常侍应生会站在主人的身后，如果想表达你对对方的尊重，可告诉主人你想点的菜，再由他向侍应生落单。

正式的场合，要等菜上齐之后才可以用餐。如果赴宴时你化了妆，要以餐巾一角轻印嘴唇，这样可以避免唇膏的痕迹留在筷子上或者杯沿上，也不会把唇膏全都就着菜吃下肚。即使没有化太浓的妆，在喝酒水时也要尽量让嘴唇接触杯沿的同一个地方。

席间如果嘴里有东西要吐出来，应将勺子递到嘴边接出，或以餐巾纸接近嘴边取出，再移到不显眼的角落里。整个过程不应该偷偷摸摸，不过也要尽量不引起别人的注意。

若需要调味料但伸手又取不到，可请同桌的人递给你，千万不要突然站起来俯身去取。

喝汤时身子要坐直，把汤匙送到嘴边。要小心太热的汤烫到自己，每勺盛的汤不要太满，更重要的是喝时不能发出声响。喝到最后，可把碗稍向外倾斜，方便盛出最后的一勺汤，不过不能让勺摩擦汤碗的声音传出来。

就餐时，如果口中有食物就不要说话，如果正在咀嚼的时候有人和你交谈，要把嘴里的东西咽下去后再回答他。也不要含着食物喝水，因为用水将食物冲下是不礼貌的。

整个用餐的过程中都要特别小心，不要弄撒了桌上的汤或菜。也尽量别把筷子、勺子掉在地上。如果嘴角、脸上、衣服上沾上了污渍，要用餐巾轻轻擦拭，用过的餐巾要折叠平整，并且把用脏的那一面折在内侧，不要把用过的餐巾或纸巾摆在餐桌醒目的位置。

文雅用筷

如果用餐期间需要补妆，或者想要去洗手间，要向身边的人轻声示意，像补妆、整理头发等动作只可在洗手间内进行。

吃面或条状的面食，最方便的方式是用筷子，但动作要轻，防止面条甩出的汤汁溅到别人身上和脸上。

用餐期间难免需要饮酒。女士需要牢记的是，无论你的酒量多么好，都不能放任自己在餐桌上豪饮。用饮酒来衡量感情的深浅是男人的事，女士可以在保证自己理智、清醒的前提下少饮一点酒，如果被人热情地劝酒，可以在就餐前特别诚恳地向同桌人说明自己不胜酒力，并致以歉意，也可以主动以茶代酒。

大家都希望在用餐的时候心情舒缓，气氛和谐，所以一些不该出现在餐桌上的举动要坚决避免。

1. 喝汤时不要发出“呼噜呼噜”的声响。

2. 不能对着餐桌擤鼻涕、打嗝、打喷嚏、咳嗽。

3. 不能在吃饭的过程中剔牙。如果塞了牙非取出不可，应到卫生间去完成。

4. 不要把双手的手肘都放在桌上，这样子像个很霸道的人，而且还影响左右的人用餐。

5. 女士不要喷洒过浓的香水，以免香水味盖过菜肴味道。

6. 菜肴中有异物时，用不着“花容失色”地告知邻座的人，以免影响别人的食欲。

7. 吃到嘴里的东西就不要吐出来。如遇太辣或太烫之食物，可赶快喝水调适，实在吃不下的话可以到洗手间处理。

喝汤时不要发出“呼噜呼噜”的声响

享受西餐的宁静优雅

· 吃西餐

谁能在吃西餐时，让自己的举手投足都打上“优雅”的标签？真正的社交达人，会在街巷里弄的大排档里开怀畅饮，也能在宁静优雅的西餐桌上游刃有余。

有这样一个关于用餐礼仪的故事。李鸿章应俾斯麦之邀前往赴宴，由于李鸿章不懂西餐礼仪，他把一碗吃水果后洗手用的水端起来喝了。当时俾斯麦不了解中国虚实，为不使李鸿章丢丑，他也将桌上的洗手水一饮而尽，见此情形，同席的其他人只得忍笑奉陪。

西方人秉承的文化本就与我们不同，西餐所倡导的风俗礼仪也与华夏文明迥异。即使是经常接触西餐的中国人，也会有许多习惯一时难以适应。所以如果在吃西餐的时候能够从容优雅，不把刀叉当做负担，像用筷子一样运用自如，举手投足间流露出些许贵族气质，那才是中国人吃西餐的最高功力。

安静、整洁、温和的基本礼仪在任何宴会上都适合

西餐餐巾一般用布，餐巾布方正平整，色彩素雅。餐巾布可以用来擦嘴和手，不过餐具是不能用餐巾布来擦的。不用的时候要折叠平整，污渍应全部折在里面，外表看上去一直是整洁的。

刀是用来切割食物的，正常情况下右手持刀。西餐用的刀会因功能的不同在外形上略有差异：带小锯齿的刀是用来切肉制食品的；中等大小的用来将大片的蔬菜切成小片；而那种小巧的、顶部有些上翘的小刀，则是用来切开小面包，然后用它挑果酱或奶油涂在面包上的。

叉的作用是把食物叉起来送进嘴里。叉子送食物入口时，牙齿应该只碰到食物，不要咬住叉子，也不要让刀叉碰撞在牙齿上发出声响。

刀叉摆放的方向和位置都有讲究。用餐过程中如果要暂时离席，要把刀叉成八字形摆放在桌上。如果用餐结束，就要把刀叉平行摆放在垫盘上，让刀口向外，叉尖向上。

吃面包时要一手拿面包，用另一只手撕下一小块放入口里，不要像我们日常充饥那样拿着整个面包咬。

吃西餐时讲究六个 M，即菜单（menu）、音乐（music）、气氛（mood）、会面（meeting）、礼仪（manner）、食物（meal）。在这六个 M 中，西餐的菜单制作非常讲究，做工和用料都会优中选优。拿到这样的菜单在手，自然会有一种座上宾的感觉，不过不要被这样高雅的菜单吓到，要对得起自己的胃，点适合自己胃口的食物。如果对菜单中的某项食品有疑问，可以向服务生询问。吃西餐的时候，和你会面的人应该是亲朋好友，也就是趣味相投的人。所以西餐厅里会有一种温和的氛围，方便宾主之间联络感情。不是特殊原因，尽量不要在吃西餐的时候谈生意，也不要在柔和的烛光下为某事和对方争得面红耳赤。Manner 也就是吃态，是用惯了筷子的中国人较难把握的一项，吃西餐时要遵循西方习俗，勿有唐突之举，在手拿刀叉时，不要手舞足蹈，也不要在嚼着食物时高谈阔论。西餐注重营养的搭配，在吃西餐时也要充分注重西餐的味觉享受。一般情况下，西餐的食物量没有中餐那么大，在吃西餐的时候要细嚼慢咽，切莫狼吞虎咽。

吃西餐的规矩看似很多，不过只要在互相尊重的心态指引下，不做出太过格的事情就好。其实安静、整洁、温和这些基本礼仪在中餐和西餐的宴会上同样适用。有一些行为在吃西餐时一定不要做：

1. 男士“当仁不让”。女士优先是西方很多国家奉行的行为准则，所以在吃西餐的时候，诸如开门、拉开椅子这样的动作是男士专属的，如果在这个时候没有一点绅士风度，恐怕再美味的食物也提不起女士的兴致。

2. 穿休闲服吃西餐。再昂贵的休闲服，也不能穿着进西餐厅。男士要穿整洁的上衣和皮鞋；女士要穿套装和高跟鞋。如果是很严肃的场合，男士必须打领带。

3. 点酒时硬装内行。在西餐厅里，会有专业的调酒师拿酒单来，对酒不大了解的人，最好告诉调酒师他已选的菜、预算、喜爱的酒类口味，请调酒师帮忙挑选。

4. 边吃饭边宽衣。在进餐的过程中不要解开纽扣或当众脱衣。

5. 坐在餐桌边化妆。化妆可以在卫生间进行，如果不想让人在黄油与你的唇彩之间产生联想，就不要让那些化妆品出现在食物旁边。

6. 用餐巾擦鼻涕。就算患了严重的感冒也不可以，就算痛哭流涕也不可以。

7. 用手拿着鸡腿吃。吃鸡腿时应先用力将骨头去掉，不要用手拿着吃。

8. 大口喝酒。喝酒时绝对不能大口喝酒或吸着喝，而是倾斜酒杯，像是将酒放在舌头上似的喝。如果你一饮而尽，或者边喝边透过酒杯看人，都是失礼的行为。

聚会要有一个很放松的氛围

·聚会

聚会本应有个热烈、温暖的气氛，不要做那个言行过火的人，使聚会的温度骤降。

吴广博的女儿刚刚出生，在同学聚会上提起刚刚出世的女儿，吴广博满脸掩饰不住的自豪，不过坐在身边的大学同学罗光却不停地开吴广博的玩笑。这些大学同学一起摸爬滚打了四年，彼此都非常了解，感情也很深，若干年后再聚，说起话来也是毫无避讳。因为话说得很多，酒自然也就喝了不少，眼看着两箱啤酒都见了底，罗光还是意犹未尽，并且在玩笑中提起了吴广博的大学女友，也就是吴广博现在的妻子、女儿的妈妈。罗光说："老吴，我看你女儿长得没一个地方像你的，到底是不是你的种啊？别到头来你省吃俭用，就是为了给别人养个闺女！"

按理说，亲密朋友开这样的玩笑也无可厚非，不过闻听此言的吴广博脸色铁青，聚会的气氛一下子就严肃了起来。原来吴广博和女朋友毕业后闹过一阵子分手，他的女朋友曾经和别人交往过，后来又回到了吴广博的身边，她回到吴广博身边一个月就怀上了现在的女儿。罗光的这番话是在不明就理的情况下说的，不过这几句玩笑话却说中了吴广博的痛处。再大度的男人也无法忍受这样的玩笑变成现实。

聚会本来应该有一个很放松的气氛，不过这样的气氛并不代表你的谈话和举止可以肆意，而且同学的聚会、同事的聚会应该注意不同的礼仪要点。

无论是哪种类型的聚会都要准时到场，这是社会交往的基本礼貌。有些人认为，大家已经是老朋友、老同学了，迟到一会儿无所谓。但是，让大家都等待是非常失礼的。如果当时确实有事要晚到，也应该打电话给聚会的发起人，说明情况并表示歉意，当然，也要说清楚自己抵达的时间。

多年不见的同学聚在一起，肯定会畅谈过往今朝。但是在言谈中也要注意，也许你想提一段自己觉得很有意思的往事来助兴，不过在提起往事之前，要看看同学中有没有带着配偶或朋友来参加聚会的，这段往事会不会涉及谁的隐私或谁的过往。也要想一想，提起这段往事会不会让同学感到尴尬或是不自在，如果起到了反效果，那么还不如不提。

同样，如果有外人在场的情况下（如同学的朋友、配偶等），那么也不要轻易乱喊学生时代互起的绰号，没准别人就在乎呢。

同学聚会的时候，记住不要给当年的老师以恶评。尊重师长不是一天两天的事情，即便你现在已经不是他的学生，对他挖苦和鄙视也是不好的。不过如果你讲的仅仅是老师的小差错或者让人记忆犹新的开心事，倒是很好的谈资。

应抱着“既来之，则安之”的原则，同学之间的聚会比较难得，不要在聚会上频繁地打电话，也不要心不在焉，尽量不要中途离场。这样做会破坏整个聚会的氛围，同时也让参加聚会的其他同学觉得你并不重视他们。

同事之间的聚会在参加之前要搞清楚到底谁会参加

同事之间的聚会在参加之前要搞清楚到底谁会参加。如果是普通员工的小型聚会，衣着打扮可以随便一点。不过如果有领导也参加，那就要留意自己的言行举止了，说不定领导要借聚会透露一些事情，同时你的表现也会进入领导的视线。不过这样的聚会会比较累，谁愿意在轻松的聚会场所还要应付领导啊!

虽然是同事，但是下班后的聚会也应该以轻松为主调，和同事之间的话题最好也选择与工作无关的轻松话题。 如果还是唠叨工作上的那些事，那倒不如在工作时间严肃地谈了。

同事不同于同学，与老朋友之间调侃式的对话在同事聚会时要小心使用，不要无心中得罪了同事。也不能因为是消遣的聚会就随意打探同事的隐私。

同事间的聚会宜事先商量好付账方式，最好是采取 AA 制。

同事聚会中，很多人都会选择喝酒。但一定注意要有所节制——如果醉酒闹事，不但会让大家扫兴，而且还会在今后的工作中成为笑柄。

聚会结束时不要只顾自己开车回家，开车的可以把顺路的同事带上，必要的话也要主动送女同事回家。

聚会中的不良习惯有：

1. 调侃过头。以玩笑的语气提到他人的隐私是不能原谅的，就算再亲密的朋友也要顾及对方的内心感受。在有同学、同事的朋友、爱人在场时还要注意给对方留足面子。

2. 迟到早退。这是对参加聚会的其他人的漠视，同样的道理，在聚会上也不要摆架子，和其他人攀比。

3. 饮酒过度。到任何时候都要让自己保持清醒。人在酒精的作用下容易做出出格的事情，也容易有过激的举动。聚会并不是世界末日，第二天我们还是要中规中矩地做人，所以不要让酒乱了礼仪。

· 口香糖

有人对口香糖深恶痛绝，有人对口香糖情有独钟，其实口香糖是无罪的，不同的社交场合，口香糖只不过是为人增色或减分的道具而已。

社会各界对口香糖的态度向来褒贬不一。

有的人说，每天咀嚼口香糖 15 ~ 20 分钟，会有助于美容。若持续几个星期，还会使面部皱纹减少，面色逐渐红润。原因是咀嚼促进了面部的肌肉运动，改善了血液循环，提高了皮肤细胞的代谢活力。还有人说，口香糖口味香甜，口感滑腻，能大大提高人们的咀嚼兴趣，同时，口香糖还能暂时改善口腔内的不良气味，在自我感觉良好的前提下，也有利于社交活动的顺利展开。

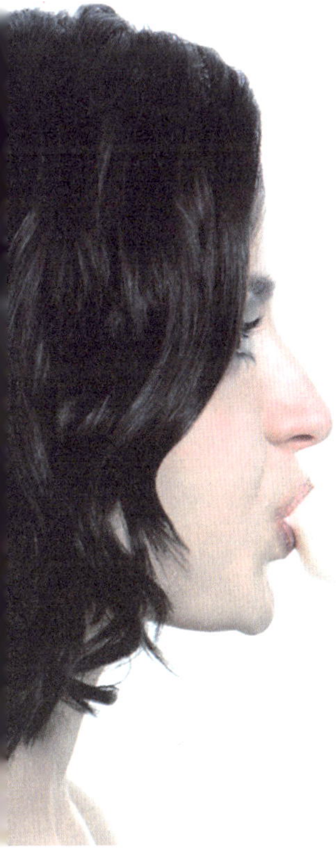

不过，以上说法遭到很多牙科医生的反驳。咀嚼口香糖，糖在口腔内停留的时间较长，而糖正是造成龋齿的重要成分。还有人说，儿童喜欢用口香糖吹泡泡，习惯性的伸舌头动作，会让牙齿外突，影响牙齿健康。事实上，电视广告上常说的，嚼口香糖有益于清洁牙齿的理论并未得到科学证实，如果说咀嚼运动可以改善血液循环，提高皮肤细胞的代谢活力，那么在日常进餐中，我们只要多吃一些硬度适中、多纤维的食物，也可以达到一样的效果。

从保护环境的角度上来说，咀嚼口香糖给城市环境造成了不大不小的困扰。

口香糖残渣不易分解，对环境危害很大，而且很难清理。另外，口香糖经过在口腔中反复咀嚼，已经粘上口腔中的多种细菌，一旦离开口腔环境，无论粘到什么地方，都有可能导致传染病发生。

有人作过调查，在中国，有 63.4% 的人表示自己会把口香糖吐到垃圾桶里或包起来扔掉，有 36.6% 的被访者表示自己就是吃完了口香糖随地吐的，并且这些人不觉得这是不文明行为。而正确处理咀嚼后的口香糖的做法是：咀嚼口香糖之前要保留口香糖糖纸，在吃完后将残渣包裹好再丢进垃圾桶。

1992 年，新加坡成为世界上第一个颁布口香糖禁令的国家，政府坚决禁止进口、销售和制造口香糖。新加坡政府还严格规定，走私口香糖的人将被处以一年的监禁和最高达 1 万美元的罚款，但少量的携带者不算在内；英国政府也出台了一系列罚款规定，专门惩治那些乱吐口香糖的人。在英国，对乱丢口香糖的人的罚款额度高达 50 英镑；在美国纽约地铁站和北欧一些国家的公共场所，对口香糖的收集专门设立了回收用的卡通标靶。人们可以把吃完的口香糖投向标靶，投中者还会有小小的奖励，未投中的口香糖则直接落入靶下的回收箱。

在西方有些国家里，嚼口香糖的行为被视为无教养的行为。很多西方人无法忍受那个让口香糖在口中发出“砰”的声响的人，也无法忍受那些用口香糖吹泡泡，或者把嚼过的口香糖随处乱丢，或者粘在墙上、门上的行为。不过在我们的生活环境里，嚼口香糖的行为并非那么十恶不赦。

在社交环境中，有些场合嚼口香糖是时尚的一种体现，也无可厚非。不过在一些特殊的场合，嚼口香糖就是无礼和冒失的代名词了。

很多韩式烧烤店里，服务生会为每位要离开的顾客准备一块口香糖。因为烤肉或其他拌菜中有蒜、葱等口味浓重的作料，享受过美味之后，为了不给其他的社交活动造成困扰，嚼一块口香糖，能有效抑制口腔里的浓重口气，也会让人神清气爽。

外出郊游或者休闲聚会也是可以嚼口香糖的。面对阳光和绿地，本来就应该有个放松的心情。嚼口香糖能让人的面部肌肤活跃，而且，朋友聚在一起，分享口香糖或者其他零食，也是增进感情和调节气氛的方式之一。

口香糖的罪行只会出现在特殊的场合中。在如下场合，咀嚼口香糖的行为就会引来恶评。

1. 办公室。如果你不是在广告公司工作，也不是 SOHO 一族，就不要在工作的时间里给人散漫的感觉。嚼口香糖的人，会给人放松和休闲的印象，如果把这种印象带进办公室里，会让领导和同事对你侧目。

2. 开会。开会时别人在讲话你却在嚼口香糖，虽然不会影响接收信息的效果，却让人觉得你对讲话的人缺少起码的尊重。如果讲话的人是你自己，而这时你又在边讲话边咀嚼，那就忽略了所有与会人的感受。

3. 用口香糖吹泡泡。吹泡泡这样的行为如果是发生在幼年时期，或许会有人说你充满童真，活泼可爱。不过成年人用口香糖吹泡泡，就算只是在亲密的人面前这样做，也会给人不成熟、玩世不恭的印象。

4. 乱吐嚼过的口香糖。看看好多国家对乱吐口香糖者的处罚，就知道这是件多么丢脸的事情了。一块嚼过的口香糖，出现在街边、公交车坐椅上、公园的栏杆上、门把手上，甚至离垃圾桶不远的地上，都会让人心生嫌恶。

特殊场合

·打电话

即使只是电话交流，对方看不见你，但是如果你的语调是欢快的，情绪是明朗的，也会无形中给对方留下积极的印象。

好多年以前的那个春晚，几个不太帅的歌手一起唱了一首歌，记得歌词是这样的："有事儿没事儿打个电话，张嘴就问你在哪儿呢……"歌词中的电话大概特指手机，可见当年的手机在全国都算是新生事物，大家对它比较好奇，也比较推崇。现在再听起这首歌就觉得比较傻了，没有哪个人会再把身边的手机当做炫耀的资本，手机已经成了皮包、鞋子等随身物品之一。相反，这个年代不带手机的人才被推崇为有个性的人。

电话如此普及，它在社交活动中的作用也就可想而知。电话的作用不仅仅局限于"没事儿"的时候打打，更重要的功能是在"有事儿"的时候才发挥出来。而在"有事儿"的情况下，打电话的礼仪和技巧就显得十分重要。通过打电话给人留下一个美好的社交形象是有可能的，通过听筒传出的声音，可以在听者的头脑中形成视觉、嗅觉甚至触觉印象。

把好心情带进电话交流中

简明扼要。打电话虽然不同于发电报，不过也涉及占用他人时间的问题，所以打电话也要尽量简明。在礼貌用语不缺失的情况之下，尽量以最简短的语言说明问题，并且将重要的时间、地点、人物事项交代清楚。当然，如果是亲密的朋友或者情侣之间通电话，啰唆一点也无大碍。

如果接到找其他人的电话，更要礼貌应对。无论要找的人是你的领导、长辈，还是同事、晚辈，都不能只冷冷地说“不在”就草草挂断电话。要仔细询问对方的身份，是否有话需要转达等等，认真作好电话记录。还要在当事人回来的第一时间，把电话内容跟他交代清楚。

重要的第一声。打电话时首先通报自己的姓名、身份，声音要亲切、优美。这样的开始是顺利沟通的第一步。很多人喜欢接通电话就直接说事儿。这样的习惯会让接电话的人回不过神来。假如听者误把你当成另一个人，那还会出现意外的尴尬。所以除非是给最亲近的人打电话，否则要首先表明自己的身份。

挂电话有讲究。准备结束通话时，要客气地告别，一般情况下，告别的话要由主动打电话的一方先说出，作为接听电话的一方要等待对方挂断电话后再放下听筒，切忌只管自己讲完就挂断电话。每个人在挂断电话时讲话的习惯不同，很多人不喜欢听到对方挂电话前用“哎，哎，哎”这样的语气结束通话，这样的结束语给人敷衍了事的感觉，含有不耐烦的味道。

把好心情带进电话交流中。我们都有这样的体会：即使是在电话中，如果对方情绪稍有变化，也能察觉得到。人的声音可以间接地传达情绪，人的听觉也可以感觉到这种微妙的情绪，所以即使只是电话交流，对方看不见你，但是如果你的语调是欢快的，情绪是明朗的，也会无形中给对方留下积极的印象。打电话时融入好心情的要领说来也很简单，就当你面对的并不是话筒，而是本人。

打电话的时间要适当。一般情况下，公务电话要在工作时间打，在休息时间拨打电话谈公事是很不妥当的，影响了他人的休息不说，还可能把公事办砸，因为现在很多人把自己的休息时间看得很宝贵，就算你甘愿牺牲休息时间办公，对方却可能不愿意。如果是很重要的公事，就不要在晚上下班前打电话，万一对方急于下班，就可能影响到办事的效果。

电话方便了我们的生活，可在一定程度上也扰乱了我们的生活。有时候我们会被电话搞得心烦意乱，看看电影《第 601 个电话》，更有甚者，被电话毁了整个幸福生活，比如电影《手机》中的严守一。所以电话也是一把双刃剑，如果在打电话这件事情上随意、无礼，这把剑很可能就会伤到自己，因此，应特别注意下列不良习惯：

1. 开会讲电话。开会的时候接听电话或打电话是让身边的人无法忍受的事。会议中如果看见其他人接听电话，或者让电话铃声响个不停，你自己也会抓狂吧？设身处地地想想，也就不会在会议中放任自己的电话讨厌地响个不停，如果是很重要的电话，要向与会者致歉，并且走到会议室外接听。

2. 开车讲电话。朋友坐出租车的途中有人给司机打电话。只见司机一手握着方向盘，一手拿着电话，显得非常熟练且满不在乎。而且这个电话聊得旷日持久，内容也无非是一些鸡毛蒜皮的小事。朋友在司机打电话期间一直提心吊胆，唯恐警察看见，耽误时间，更怕司机没看见行人或车辆，发生什么事故。

3. 安静处讲电话。到医院探访病人，或者在安静的茶馆，或者身边有人休息时，不要接打电话。在这些地方保持安静是社交的基本礼仪，电话铃声一响，一定会让身边的人血压骤升。

4. 手舞足蹈地讲电话。接打电话是私人的事情，就算电话的内容并没有保密的价值，也要保持低调，接打电话时不要手舞足蹈，不要让身体有太大的动作。

5. 借用他人的电话煲电话粥。借用他人的电话通话应注意，通话时间不要太长，一般不超过 10 分钟。如果借用他人的手机通话，在接打电话的途中不要离开手机的主人太远，这样会让主人心生不快，因为用这样的手段骗取他人手机的案例已经时有发生。

会议室是体现一个公司工作风格和工作效率的地方

· 会议室

会议室是体现一个公司工作风格和工作效率的地方，也是体现每个人社交礼仪和个人能力的典型场合。

有一位年轻的 CEO 说，他最喜欢到客户的会议室或者客户指定的会议室开会，因为从会议室的安排便可以看出这个公司的文化与经营效益。他还说：“通常在我离开他们的会议室时，我便知道该下多少订单给他们了。”

开会不能迟到，这是基本的个人素养。如果真的是日理万机，会议前要请同事提醒开会时间，争取提前进入会场。如果会议已经开始了你还站在门外，进门落座要迅速，不能站在门口张望，也不要在选择座位这个小问题上犹豫不定。其实迟到本来就是不礼貌的行为，这时尽量不要弄出声响，避免打扰到开会的其他人，如果是小型会议，有人注意到了你，可以向主持会议的人点头表示歉意，然后再安静地坐下来。

在会议室内要注意保持自己周围环境的清洁。如果自己面前的桌子有灰尘，可以

在会议室内要注意保持自己周围环境的清洁

用纸巾擦拭，但不要用嘴去吹。这样灰尘肯定会被吹到对面的桌上去，不管对面坐的是什么人，都会很无奈。万一不小心把水洒在桌上或地板上，要主动清理。不过与其让这样又麻烦又尴尬的事情发生，倒不如端起水杯的动作轻些、稳些，这样既能给人留下优雅的镜头，又可以避免毛手毛脚的失误。会议结束时要带好自己的记录本、包包、衣物，也不要忘了带上自己的垃圾。开会和野餐一样，要对自己制造的纸屑负责，也要对自己周围的环境负责。

如果是小型会议，开会期间不要像走马灯一样地进来出去，不是特别紧急的情况也不要中途离席。别人发言的时候要聆听，即使他发言的内容你一句也没听懂，也不能做出不耐烦的样子，即使他的观点你并不认同，也不要突然打断他的讲话，做出要和他辩论到底的架势。和身边的人可以有沟通，不过不能谈太多与会议无关的话题，比如前一天晚上的英超比赛、哪家商场正在打折返券之类。

会议途中出现什么异常情况，不要太惊讶，也不能袖手旁观、隔岸观火，要尽自己的努力维持会议秩序，尽量让会议顺利进行。一次全市教育系统的大型会议，在容纳四百多人的会议室召开，麦克风突然失灵了，领导的讲话从麦克风传出来断断续续，听起来有些滑稽。工作人员换了几个麦克风，问题依然存在。领导开始还用调侃来缓解尴尬气氛，后来台下的听众也失去了耐心，时常传出隐隐的笑声。这个时候台下一位年轻的男士走上了讲台，他把麦克风拿在手里调了几下，只用了几秒钟，等他把麦克风重新放到领导的面前时，领导的声音又能流畅地传到会议室的每一个角落了。他只是一名普通的与会者，不过他以前做过音响师，他的这个举动意外地赢得了台下热烈的掌声。

在会议室里会有一些公用的办公用品。使用这些办公用品的时候要记得放回原位，如果用后放进自己的包里，即使这个动作是无心的，也会给人留下了不好的印象。

如果是大型会议，所有人都面向主席台就座，要意识到你的行为可能挡住后面的听众视线，所以不能戴很高很夸张的帽子，也不能随便站起来走动。在两排座位之间走的时候，要尽量避免自己的腿部动作过大，碰脏了别人的裤子或踩到别人的脚。在这样的会议室里，如果遇到认识的朋友或同事，不要吆五喝六地打招呼，像在公共汽车上一样，不能占好几个座位。

参加会议免不了鼓掌这个动作。鼓掌的时候双手的肌肉要紧绷，不能软绵绵地动弹两下了事。当其他人都在鼓掌的时候，如果你实在懒得鼓掌，也不要做出漫不经心或者鄙视的神气。当然，大型会议里，听主持人介绍与会领导是一件比较枯燥的事，往往要鼓掌十次甚至更多，这个时候更要保持仪态。

会议室内的座位也有主次之分，访客应坐在里面，主人坐在靠门的那边。若会议桌为长形，重要人物会被安排在中间相对而坐，其他人则依职位对等而坐。如果你不了解这一礼仪规则，一屁股坐在你们总裁的位置上，那就要遭天谴了。

如果会议中需要你发言，最好选择容易观察到领导神情的座位，不要和上司距离太近。这是因为缩短两个人的物理距离就会减少视线交流的机会，距离很近的两个人进行目光交流，彼此都会产生强烈的压迫感。而如果你想让自己的发言得到领导的认同，最好要和领导有视线的交流。如果需要一边看资料一边说明的事情，要在话语的停顿处抬起头来，把目光投向上司，以获得他的支持和认可。

在会议室里不要做如下事情：

1. 打手机，或者让手机响个不停。
2. 打盹儿。
3. 跷着腿或者不停地抖腿。
4. 旁若无人地喧哗笑闹。
5. 对会议和发言者漠不关心。
6. 迟到、早退、出入频繁。
7. 把自己当成会议的主角，发言又臭又长。

图书馆是求知的场所，所以进入图书馆的人也要有求知的姿态

·图书馆

如果你想边读书边嗑瓜子，如果你想以读书的名义睡觉，如果你想边读书边秀身材，如果你想大声打电话给朋友，那就不要迈进图书馆的大门。

如今的大学图书馆流行占座，学校屡禁不止，在这个问题上，学校又不能采取强硬措施。

女生A走进了阅览室，发现八九个相邻的空位，其他座位又坐满了，她就走向那几个座位中的一个，不料座位附近的女生B跟她示意，说这些座位是她同学的，只是暂时离开。

女生A没有理会她的不满，一屁股坐在了其中一个座位上。过了很长时间，果然有五六个同学回来了，几个人一坐下就交头接耳，后来还一起吃蛋黄派，撕包装袋的声音虽然不大，可在安静的阅览室里也很刺耳。

女生A终于忍无可忍，拍案而起，指责他们不懂礼貌，没有公德心。吃蛋黄派的几个人自然也不示弱，加上女生B，大家一起和女生A对战。整个阅览室的宁静都被打破了，双方的唇枪舌剑演变成一场不小的战争……

图书馆是求知的场所，所以进入图书馆的人也要有求知的姿态。不要把日常生活中的随意和粗俗带进图书馆。进入图书馆、阅览室要衣着整洁，不要穿拖鞋背心。

一般情况下，进入图书馆后管理员会发给你两张带有同样编号的代书卡，这两张代书卡一定要妥善保管，遇到想看的书，可以把书抽出来，把其中一张代书卡放在原来书所在的位置，手里拿着另一张卡，这样阅读后可以按照卡的编号把书放回原来的位置。

要爱护图书馆里的图书，要轻拿轻放，不能因自己需要某种资料而损坏图书，私自剪裁图书是极不道德的行为。遇到有价值的资料，应与管理人员联系，复印或照相，绝不可为了个人的利益，撕毁或私自占有图书资料，也不能在书上乱写乱画。

对开架书刊应逐册取阅，不要同时占有多册。如果捧着几本书在书架之间走来走去，会让其他人觉得你很没有主意，图书馆并不同于超市，贪多的效果适得其反。

就座时，要轻轻移动椅子，不要为朋友、同学占座，不要把包和衣物放在旁边的椅子上，也不要抢占别人暂时离开的座位，更不要在阅览室的各个座位之间换来换去。

要保持室内安静，走路脚步要轻，避免将凳子弄出声响，阅读时不要在嘴里小声嘟嘟囔囔，也不要和熟人高声谈笑，如果在阅览室里进入了梦乡，传出节奏时缓时急的鼾声，那你的人可就丢大了。

从图书馆借出的书应该在规定日期内归还。很多图书馆对逾期归还的图书有处罚

在不影响他人情况下，暂时的席地而坐并非不可

的规定，不过罚金额度都很小，很多人觉得不在乎处罚的那点钱，只在乎是早几天还书还是晚几天还书。这样做虽然是为了把书看完，却给图书馆的管理和管理员的工作增加了不少负担。

在图书馆内会设有休息室或者就餐的场所，在这样的场所里也不要放肆，图书馆是个非常安静的场所，如果在阅览室里表现得很淡定，却在就餐、喝茶时大笑大闹的话，同样与整个图书馆的气氛不协调。

图书馆里有期刊阅览室，对期刊和报纸要格外地爱护。因为相对于图书而言，期刊和报纸在印刷和装订上有特殊性，可能同样的阅读频率，期刊和报纸的破损程度更大一些，所以在阅读期刊时更要小心谨慎，也不要像在家里一样，边吃零食边看杂志，这样很容易把杂志弄脏。

图书馆的管理员是为我们服务的人，他们的劳动同样需要得到认可，所以要尊重图书馆里的各级管理人员，不能对他们颐指气使，也不能把图书馆内的图书和其他设施乱动乱放，增加他们的工作量。

在图书馆，需要注意的事项有：

1. 图书馆不是谈恋爱的场所，所以在图书馆里不要和异性有过于亲密的举动。

2. 图书馆里不适合群聚。所以即使你是和六七位好朋友一起来的，在取阅图书和借阅的时候也最好各自为营。

3. 到图书馆是看书的，不是看人的。如果图书馆里读书的人不多，那就不要盯住别人看个不停。这样会让其他人感到不自在。

4. 不要把图书馆的座位“装修”得太舒适。有人喜欢把靠垫、精美的水杯、咖啡、镜子、化妆品都摆在座位周围，看上去过日子的家当都全了。这样自己固然舒适了，却不一定让身边的人感到舒服。

优雅的人不会让自己的行为给他人造成不便

· 上厕所

优雅的人不会让自己的行为给他人造成不便。在卫生间里依然能够保持优雅，才能给下一位使用卫生间的人留下清洁、舒适的环境。

从火奴鲁鲁飞往东京的波音 777 飞机上，在经济舱的男盥洗室里，马桶的上方有一行非常醒目的简体中文："请您便后按蓝色的'PUSH'按钮冲洗马桶，谢谢合作。"

洗手间是公共场所

在整个盥洗室的其他地方，没有任何警示作用的标志。航空公司专门为中国人张贴这样的说明，可见卫生间也是个容易让我们丢脸的地方。

在北京的部分地区，曾经对市容环卫行业的固定公厕全部实行免费开放，有近30家公厕供市民免费使用，同时，该地区的公园、绿地内的公厕也都挂上“免费牌”。不过豪华整洁的星级公厕一开放，就出现了不少问题：有人把洗手液当“自来水”用，一挤就是几十毫升；有人跑到公厕水池里洗头，因为星级厕所里的设备比家里的还上“档次”；还有人看中厕所单间门背后挂包的衣钩，撬下来拿回自己家里用。还有的人对自动感应冲水系统不了解，甚至踢坏了感应器。

洗手间是公共场所，但是它与其他公共场所不同的是，在洗手间中，人的活动又是私密的，不受人影响，也没有人监督。所以就有人把自己独处时的坏习惯和不礼貌作带进了卫生间，自以为做得天衣无缝、无人知晓。可这样的无礼行为一旦被发现，那就再也没有“高雅”的外衣可穿，而且，如果人人都在卫生间里暴露恶劣本性，每人每天都要出入的卫生间就再也不能给人一个清洁、舒服的环境。

男士的卫生间如果有小便池，就不要在大便池里小便。小解的时候，有礼貌的男士会让身体接近小便池，这样不会弄脏地面，而不是站得远远的。有礼貌的男士在小解的时候通常会拉开拉链，而不是解开裤带。为了打扫卫生的人考虑，有礼貌的男士不会把纸、口香糖、烟头等杂物扔进便池里，更不会随地吐痰，也不会把水迹、泥印等留在卫生间的地面或墙上。说到卫生间的行为礼仪，可能大家都曾在某个卫生间的门上看到涂鸦或拙劣的简笔画甚至打油诗，这样的行为是举止优雅的人所不齿的，不要模仿，更不要去欣赏那些无聊的东西。

女士在使用公共卫生间的时候，如果怀疑坐便不卫生，可以用卫生纸覆盖在坐便垫上。如果习惯了用卫生纸垫在手上开门关门，那也没什么不可以。不过这些使用过的卫生纸在事后一定要清理干净，不要给下一位使用卫生间的人留下痕迹。女士在使用卫生间时有特殊之处，她们要处理个人卫生物品，如卫生巾、卫生棉等。一般情况下，遗弃的卫生巾要用卫生纸包好扔进纸篓里，随意把用过的卫生巾扔在卫生间的其他地

不要以为洗手间是个人空间

方，或者企图丢进马桶里用水冲走都是不可取的。

无论是男士还是女士，使用卫生间都要守秩序。人有三急，在使用公共卫生间这件事情上，大家都需要节省时间，所以如果遇到有几个人同时需要卫生间，要耐心排队等候，不能只顾自己一头冲进去。冲水是使用卫生间的基本法则，在社交活动中有礼貌的人要对自己的排泄物负责，如果是使用自己家里的卫生间，相信没有人会任由脏物留在马桶里，在公共场合也是一样。如果仅仅怕弄脏了自己的手指，而懒得去按那个冲水的按钮，而恰巧出门的时候遇到你的上司也要进卫生间，恐怕后果不只是无地自容了。用过了卫生间要洗手，这是我们在幼儿园就学过的礼仪。洗手的时候注意不要把水溅得整个洗手台上都是，也不要把头发或纸屑留在洗手池里。洗完手不擦干就走出卫生间是不好的，挽着袖子甩着一双湿手走出卫生间更是一种无礼行为。

上厕所前要关好门，上完厕所要让门开着。这样下一个用卫生间的人就不会贸然闯入，也不会站在空着的卫生间门前傻等。假如不确定关着的卫生间内到底有没有人，而自己又急着上厕所的话，可以轻轻敲门，这时如果门内有人，要及时回应告知。不要闷不出声，也不要用咳嗽等声音暗示。

不要以为洗手间是个人空间，其实一个人在洗手间内的行为举止更能体现他的修养和素质，所以如果发现你要用的马桶很脏，或者环境很差，要么先打扫干净再用，要么就立刻转身出来，换下一个人用。不要让别人误会是你把卫生间弄成那个样子的。在卫生间里如下的动作表明你是一个没有教养的人：

1. 如厕后不冲水。
2. 在卫生间内吸烟。
3. 大声唱歌或和同事大声交谈，发出奇怪的声音。
4. 乱丢用过的卫生纸、卫生棉等。
5. 长时间占用公共卫生间。
6. 蹲在坐便池上。
7. 谈论私事或评论第三个人。
8. 男士用女卫生间，或者女士进入男卫生间。
9. 挥霍卫生间内的洗手液、卫生纸等公共设施。

· 酒吧

酒吧是人类文明进步的标志，泡酒吧则是一种新型文化的代表，在酒吧里独酌也好，交流也罢，都需要让自己的举止与酒吧的气氛协调。

每当写字楼安静下来时，酒吧的故事正酝酿着开始。象征着时尚、情调、风格的夜店适合朋友小聚、喝酒聊天、欣赏音乐、跳舞游戏……不同的心情、不同的人群去的酒吧风格自然不同，一般来讲，酒吧分为演艺酒吧、慢摇酒吧、休闲酒吧等等。

演艺酒吧

顾名思义，以演艺为主导，演员的演技、素质、节目的质量、演出的形式，都很精心。很多演艺酒吧擅长根据当地的文化和当地客人的口味来制作节目。在这一类酒吧中有引导时尚的概念，少男少女都喜欢时尚的东西。

慢摇酒吧

与演艺酒吧略有不同，慢摇酒吧除穿插演出项目之外，大多以 DJ 的慢摇舞曲作为酒吧的特色，此种酒吧属于时尚店。

休闲酒吧

我们通常把休闲型酒吧称为茶座，是客人放松精神、怡情养性的场所。休闲型酒吧的客人主要是寻求放松、谈话、约会的客人，所以座位会很舒适，灯光柔和，音响音量较小，环境温馨优雅，供应的饮料以软饮为主，咖啡是这类酒吧里最受欢迎的饮品之一。

酒吧不是设宴款待亲朋的场所，所以如果有人打算大宴宾朋，最好去酒楼和饭店。和朋友去酒吧，往往是在晚饭后，也就是说，酒吧不是用来填饱肚子的，而是供人消遣和娱乐的。

泡吧是种文化

掌握分寸，不要失态

酒吧有特定的气氛和环境，在酒吧里要特别强调与异性交往的礼节，无论是男性还是女性，都要注意让自己的形象大方，举止得体，不要有令异性难堪或误解的言语和动作。

很多酒吧里，客人可以向歌手点歌。一般情况下，作为客人的你，应该叫来服务生，请他向歌手转达你想点歌的意向，需要给歌手小费时，也不要直接把现金交给歌手或扔在舞台上，而要把钱夹在纸里，如果藏在一束鲜花中送到歌手面前，你的绅士举动会更令人刮目相看。

如果你想在酒吧里一展歌喉，要先向服务员打声招呼，然后再走上台去唱。当然，你的声音会传向酒吧的各个角落，所以如果对自己的歌喉没有太大的信心，上台前就要三思了。同时，别的顾客一曲结束后，无论他唱得好不好，出于礼貌都应该报以掌声。

酒吧的氛围很容易使人的精神亢奋。身临轰鸣的音乐和放松的人群中，所有人都会有发泄的冲动，无论是唱歌、饮酒还是跳舞，都要掌握分寸，在放松和娱乐的目标实现的同时，不要失态。

酒吧里会遇到很多陌生人。“不要和陌生人说话”这一规则在酒吧里是不适用的。如果有兴趣交谈的话，可以找那些脸朝外的人，或者向人群中看的人，或者用身体语言表示“可接触”的人。在酒吧里聊天，可以泛泛地谈天气，谈啤酒，或者谈所在的酒吧。

酒吧里的故事并不全是温馨的、惬意的，也有丑恶的、丢脸的。谁都希望自己在酒吧里的行为像个持有“精英”标签的人，别表现得像个酒徒或粗俗的人，以下举止是不可取的：

1. 贪杯。就算失恋，也不要抱着不醉不归的态度进入酒吧。酒精的麻醉只能让你的胃更难受，心情更糟，还会让周围的朋友不知所措。如果酒后言语失控，胡言乱语或者露出其他丑态，第二天会后悔莫及。

2. 谈隐私。在酒吧里和陌生人接触，尽量不要谈及一些隐私话题。同样的道理，如果一个相貌打扮很时尚的异性跟你大谈恋爱与隐私，那还是对他敬而远之比较好。

3. 打架生事。出入酒吧的人大概都会遇到大打出手的场面。这样的事多发生在男性身上，在酒精的刺激下，为了一些不足挂齿的小事而大打出手，会破坏了整个酒吧的氛围，而且为此而流血是不值得的，伤害最大的还是自己的形象和面子。

4. 举止不雅。这样的行为经常出现在饮酒的顾客身上——言语粗俗，说脏话或者与异性的举止过于亲密，都会损坏自己的社交形象。

第三章　商务礼仪

Business etiquette

初次见面，如何打破陌生的坚冰？因为不了解对方的兴趣、喜好、习惯、目的，所以第一次谈话就比较艰难，不过初次见面也是考验你的社交能力的一道高难考题。

好久不见与初次见面的姿体表达完全不同

语言礼仪

·初次见面

初次见面，如何打破陌生的坚冰？因为不了解对方的兴趣、喜好、习惯、目的，所以第一次谈话就比较艰难，不过初次见面也是考验你的社交能力的一道高难考题。

有一个朋友在体育局工作，第一次见他是在饭局上，他的朋友也是我的朋友。席间朋友不停地和我谈话，又不停地和他聊天，可是我们这些初次见面的朋友却实在没有什么可交流的。席间也有一点冷场，不过在体育局工作的朋友很聪明地发现了我们的共同话题：我当时穿着一双运动鞋，左臂套着一个护腕。他第一句话试探性地问我：“你喜欢打篮球吧？”果然，他这样一问，我的话匣子就打开了。因为这个共同的话题，我们的关系一下子拉近了，话题多了，饭局上的气氛也活跃了很多。

初次见面的人，无论是在休闲场所还是商务场合，都要面临同一个问题：如何打破陌生的坚冰？因为不了解对方的兴趣、喜好、习惯、目的，所以第一次谈话就比较艰难。而初次见面的印象又决定了以后交往的基调，所以初次见面更要注意礼仪，要很自然地表现自己，要积极地与他人交流，又要小心自己所说的每一句话。

由于亲戚老乡这类较为亲密的关系会给人一种温馨的感觉，使交际双方易于建立信任感，所以如果恰巧你们来自同一个城市，或者你曾经在他的家乡生活过一段时间，那么这个初次见面可能就成功一半了。人总会在发现对方与自己有共同的生活经历时产生兴奋的感觉，也会顿时消除初次见面的陌生感，所以，在初次见面时，如果事先得知对方与自己是老乡，或者有共同的爱好或经历，那么寒暄之后，不妨直接谈论这个话题，这样很容易拉近两人的距离，使人一见如故。

现在许多职场人士，都会定期参加大学校友会、老乡会等，参加这样的联欢会一方面可以减轻工作的压力、拓展视野，另一方面，也可以扩展自己的交际圈子，在与校友或老乡的交流中获得认同感和亲切感。这样，无论对方是什么职务什么身份，都能较好地形成坦诚相谈的气氛，打通初次见面由于生疏造成的心理上的"设防"。

初次见面，还可以从感谢的角度来拉近彼此的关系。其实说到感谢，或许你们之前只有过一面之缘，也不一定是真的需要郑重其事地感谢，不过这样的方式可以很好地拉近彼此的关系，会让对方在第一时间对你产生好感。

初次见面，还可以从对方的外貌谈起。每个人都想知道自己的形象在别人眼中是什么样的，恰当地从外貌谈起就是一种很不错的交际方式。不过从对方的外貌谈起，要注意讲话的分寸，也就是说，不能对对方外貌作过于夸张的评价，本来对方的肤色有点黯黄，你一定要说她肤色白皙、吹弹可破，这样对方会产生反感，甚至对你敬而远之。如果从对方的外貌谈起，就要寻找对方形象中的闪光点，并且可以拿自己的弱点和对方相比较，比方说："你的腿真的挺漂亮的，我一直幻想能穿出你身上这条牛仔裤的效果，可惜……"

要很自然地表现自己

一见如故

初次见面，如果是商务场合，要注意固定的礼节，通常，初次见面的两个人需要握手：伸出右手，以手指稍用力握住对方的手掌持续 1～3 秒钟，双目注视对方，面带笑容，上身要略微前倾，头要微低。

如果是在传统的节日气氛里，我们还可以对初次见面的人做出拱手的姿势。这个动作又叫揖礼，是我国传统的礼节之一。做这个拱手的礼节时，不分尊卑，需要拱手齐眉，上下加重摇动几下。在开订货会、产品鉴定会等业务会议时，主持会议者可以用这个手势向初次见面的人致意。

初次见面大家都会有一点紧张，所以容易做出一些不利于拉近心理距离的事情，比如：

1. 开口就问：“还记得我吗？”这样的提问是很冒险的。就算之前真的见过面，这样打招呼也令对方为难。因为他有可能真的不记得你了，这样双方都会尴尬，就算他装作认识你，他也会叫不上你的名字来。

2. 过于热情的初次见面。过于热情的初次见面会让对方感到受宠若惊。初次见面不要和对方谈论各自的感情生活，也不要询问对方的家事。

3. 炫耀。有的人喜欢初次见面就炫耀自己的才学、工作、薪水。这样只会给对方浅薄的印象，如果说太多自己的优点，只能让人对你敬而远之。

4. 许诺。初次见面不要承诺什么。因为你对对方的了解仅限于他的描述和他的外在，这时如果对重大事件作出承诺，可能在履行诺言时会遇到障碍。

称呼是我们每个人都无法回避的问题

· 称呼

称呼是指人们在日常交往活动之中，对交往对象的礼貌的称谓语。选择正确的、合乎礼仪的称呼，可以反映出个体的教养，还可以充分地表达对对方的尊重程度，此外，称呼还能体现社会文明程度和社会风尚。

刚上班的霏霏因为称呼的困扰备受尴尬之苦。到新单位报到的那一天，接待她的是公司的一位主任，30 多岁的年轻主任，衣着打扮也很青春，看上去只有二十五六岁的样子。初次见面，霏霏恭恭敬敬地问候："卢主任您好！"主任做出一个很调侃的表情，呵呵笑着说："不用这么严肃吧！叫我小卢就 OK！"从此以后，霏霏在单位每次碰到卢主任，都不知道该称呼什么才好，这称呼虽说事儿不大，不过也确实挺难为人的。

初入职场的人都会有这样的困扰，同事年纪都不太大，但却比自己资历深，有的还是自己的顶头上司，在这种情况下，见面称呼就成了很为难的问题。其实，这样的问题不只霏霏遇到过，在现实生活中，称呼是我们每个人都无法回避的问题。其实解决霏霏问题的办法很简单，一般情况，到了一个新的工作环境，只要静观他人的称呼，然后同他人保持一致就可以了，遵循了这一点一般就不会犯太大的错误，也就大可不必为此担心分神。

职务性称呼

以交往对象的职务相称，以示身份有别、敬意有加，这是一种最常见的称呼。如：“您好！李总。”“您好！赵董事长。”

行业性称呼

在工作中，有时可按行业进行称呼。对于从事某些特定行业的人，可直接称呼对方的职业，如老师、医生、会计、律师等，也可以在职业前加上姓氏、姓名。

性别性称呼

对于从事商界、服务性行业的人，一般约定俗成地按性别的不同分别称呼“小姐”、“女士”或“先生”，“小姐”是称未婚女性，“女士”是称已婚女性。

姓名性称呼

在工作岗位上称呼姓名，一般限于同事、熟人之间。

选择称呼要合乎常规，要照顾被称呼者的个人习惯，入乡随俗。在工作岗位上，人们彼此之间的称呼是有其特殊性的。要庄重、正式、规范。在非正式场合称呼陌生人时，为表示亲近可以用亲属的称谓称呼对方，如叔叔、阿姨、老伯伯、老奶奶等。另外，在我国，不论对何种职业、年龄、地位的人都可称做“同志”，但要注意，港、

称呼还能体现社会文明程度和社会风尚

澳、台地区的朋友见面时一般不用此称呼。

对自己的亲属，一般应按约定俗成的称谓称呼，但有时为了表示亲切，不必拘泥于称谓的标准。长辈之间为表示亲密、不见外，也可按小辈的称呼来称呼对方。但对外人称呼自己的亲属，要用谦称。称自己的长辈和年龄大于自己的亲属，可加“家”字，如“家父”“家母”“家兄”等。称辈分低的或年龄小于自己的亲属，可加“舍”字，如“舍弟”“舍妹”等。称自己的子女，可称“小女”。

在《艺术人生》的特别节目《恰同学少年》中，朱军语气沉痛地说：“不久前，毛岸青去世了，首先，向家父的过世表示哀悼。”此语一出，观众哗然。众所周知，家父、家母是对自己父母的尊称，当称呼对方父亲时，应该用“令尊”“令尊大人”，称呼对方的母亲，则是“令堂”，这是中国传统礼仪中的敬称。主持人朱军贻笑大方，被观众指责“太没文化”。

另外，记住交往对象的名字和职务是交往的基本礼仪，礼貌的称呼也是建立在对方名字的基础之上的。不过记住对方的名字不代表在称呼的时候就一定要直呼其名，同样，明确地知道对方的职务，有的时候也不能在大庭广众之下公然称呼其职务。

比方说，一位大三的新闻专业学生到报社去实习，实习结束需要请报社的相关负责人开具实习证明。当时报社的总编不在，他需要向副总编请示，这位涉世未深的实习生到了副总编的办公室，当着办公室其他下属的面，直呼领导为“林副总编辑”，其实这个称谓没有叫错，不过如果把那个“副”字去掉的话，效果或许会更好一点。当时报社的这位女副总编并没有因为他的称呼失误而拒绝他的请求，不过这样的失误在正式工作之后最好不要犯。

在称呼这个细节上，不良的礼仪习惯也有很多：

1. 无长无尊，对领导和长辈在称呼上没有表露敬意。

2. 冷漠称谓。对身边的朋友或同事，偶尔称呼他们的昵称或叫“姐姐”“哥哥”往往能拉近彼此的距离，如果一味地直呼其名就永远达不到亲密的程度。

3. 胡乱称谓。“家父”是称自己的父亲的，“令尊”是称对方的父亲的，这些流传已久的称呼不要胡乱使用。

4. 突兀称呼。所有人都有常被人叫起的称呼，这样的称呼显得更亲切，也更容易引起被称呼者的注意，如果大家都称呼一个人同一个称谓，那你最好也不要别出心裁。

致谢礼仪是情感付出的一种表现形式

· 致谢

致谢礼仪是情感付出的一种表现形式，包括口头致谢和书面致谢，它传递了人们内心深处的感激之情，也延续了双方的交往情感。

李亚鹏在他的博客里写下了这样的一段话："回顾过去这几个月的风风雨雨，在这里我首先要感谢很多人，是他们每一个人的善良和帮助使我们的女儿顺利出生，顺利地进行治疗，把外界的干扰降到了最低点。首先要感谢的是协和医院的两位产科大夫……感谢在媒体围堵之下悄悄来到病房为我们的女儿会诊的专家们……感谢我的经理人马葭一直以来对我的维护……感谢使馆签证处的那位不相识的中国女士……感谢陈建斌，蒋勤勤夫妇，并祝他们一切顺利……感谢这一路行程中，见到了我们的女儿，在短暂的惊愕后给我们一句问候的陌生人们……最后我们夫妇替李嫣再次感谢所有帮助过她的善良的人们。谢谢你们。"

我在李亚鹏的字句里读出的不是明星们在媒体面前惯用的"打太极"式的敷衍，而是作为一个普通的父亲，普通的一家之主，对给过他的女儿和他的家人帮助的人由衷地说一句"感谢"。有句话说得好："我们既是千万个助人为乐的人，也是千万个要说谢谢的人。"会说出"谢谢"这两个字的人，才称得上真正懂得生活和交流的人。表达感谢在社交活动中所起的作用远远大于其他话语，懂得感恩，会表达感激的人，才是真正的社交达人。

良好的人际关系表现为你来我往的沟通与交流，其中包含着交往双方彼此的付出和关怀，如时间的付出、空间的付出、行为的付出和金钱的付出，其中最重要的是情感的付出。你的牵挂、问候和关心是所有付出中最有价值的部分。致谢礼仪是情感付

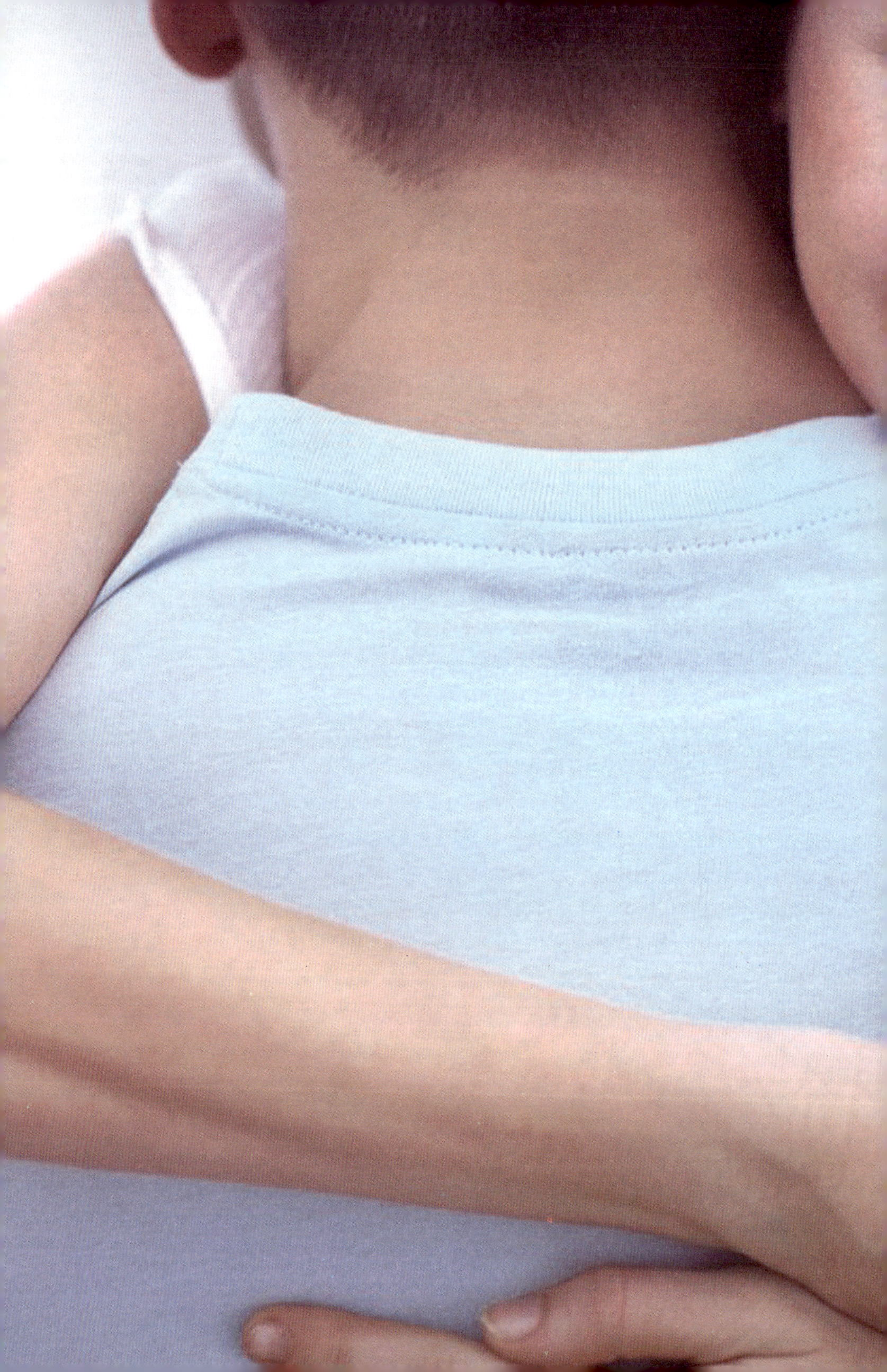

出的一种表现形式，包括口头致谢和书面致谢，它传递了人们内心深处的感激之情，也延续了双方的交往情感。最简单的表达感谢的方法是口头感谢。

口头感谢并不意味着敷衍，也并不是只用一句空洞的“谢谢”就能概括的。以口语的形式向他人表达你的感谢，要让对方感受你的真诚和善意，在口头谢谢中，你需要用真诚的话语亲自传达感谢，让对方听到你的声音，从中感受到你的关怀和真情。

当面致谢。在与人交往和亲属互访过程中，不要吝于说“谢谢”。就算是骨肉至亲，也不要忘了及时表达自己的感激之情。外出用餐和旅行过程中，要对服务人员所付出的服务与帮助及时表示口头感谢，以表达对他们劳动的尊重。当服务员为你端上一碗热汤的时候，要抬头面向她，保持微笑，并且彬彬有礼地跟她说声“谢谢”或“麻烦你了”。在日常生活的每一个细节中，也要学会对陌生人表达感激之情。向路人问路，如果对方告诉了你正确的方向，要向对方点头，并且大声地说声“谢谢”。就算是他也不清楚你要去的地方怎么走，你并未从他那里得到有效信息，也同样要对他点头致意，此时更要强调感谢之情。

如今人们的交流方式多种多样，自然还可以用电话向他人表达感谢之情。曾经参加一场同学的婚礼，婚礼上有我们七位关系很密切的大学寝室同学，平时没有机会联系，大家都希望借这个机会和她说上几句话。可是新娘在婚礼现场总是最忙的，只见她穿着洁白的婚纱轻快地在客人中间穿来穿去，走到我们身边时只能说上简短的几句，接着又被别人叫走了。

用姿体表达谢意

后来婚礼结束，新人去度蜜月了，那天参加婚礼的同学之一问我，是否收到了新娘的电话，我说没有。其实并不是婚礼结束后一定要给每位参加婚礼的来宾打个电话表示感谢，但是如果有人这样做了，相信婚礼现场没有一吐为快的话一定能在电话里得到充分的沟通，表示感谢只是一个由头，这样做的最终目的还是增进双方的了解，拉近彼此的关系。

外出旅行时接受了朋友或亲友的款待，回到家后要打电话过去表示感谢。只需说："我已经安全到家了，谢谢你这几天对我的悉心照顾。"相信电话那头的朋友心里一定会很开心的。

表达感谢的方式还有书信。这是不太常用的方法。

以书面的形式向他人表达感谢，可以使人感受你的郑重、在意和真诚。同时，书面致谢易于保存，可以常常使人想起你的真挚情感，不断延续你与朋友的友谊、与亲人的感情和与他人的良好关系。书面致谢礼仪包括书信往来、写感谢便条、寄送卡片、发送电子邮件等。

表达感谢的禁忌：

1. 忽略"谢谢"二字。生活中有许多时候我们要说谢谢，而有的人因为慌忙赶去做更重要的事，就会忘记对给予你帮助的人道谢。还有的人面对自己的家人——父母、兄弟、爱人，认为没有必要整天把"谢谢"两个字挂在嘴边上。其实对家人表示感谢表明你意识到了他们为你做的事，或者感受到了他的牺牲和辛苦，这个时候的一句"谢谢"会使家庭生活更加和谐。

2. 态度不真诚的感谢。致谢要真诚，发自内心。这就是说，任何人为你做了一些事，不管事情多么微不足道，也不管对方是你亲人、朋友还是陌生的路人，都应该真诚地致谢，而不是敷衍了事地打发人家。必要时要说明对方的帮助对你起了多大的作用，比如"多亏了你的外套，不然我昨天肯定会感冒的"。

3. 致谢不及时。表达感谢的反应要快，要及时地向对方致谢，不要等到时过境迁才向人说谢谢。

表达歉意的方式有好多种

· 致歉

表达歉意的方式有好多种，深刻的道歉会让自己的内心瞬间解脱，如果你的道歉得到了对方的谅解和包容，内心还会感到坦荡和满足。

我的小学班主任有个习惯，就是让做了错事的同学当着全班同学的面道歉。道歉之前还要给你一张纸，纸上写着一句名言，班主任学贯中西，那条名言警句肯定是直指你做错的那件事的。有一次，我们班的体委把吃剩下的爆米花扔进水盆里，老师把他叫到讲台，当着全体同学念："谁在平日节衣缩食，在穷困时就容易渡过难关；谁在富足时豪华奢侈，在穷困时就会死于饥寒。"大概是一位外国人说的话。这是一个下马威，然后班主任让体委当着全体同学的面道歉，细说他为什么要把爆米花丢进水盆里，以及如何悔悟，这样的行为对其他同学造成了什么样的不良影响，还有以后该怎样勤俭节约……因为那个时候的孩子还不懂得诚恳致歉，在骨子里也并不觉得自己的行为多么的可耻，所以道歉的态度也很生硬，语气里充满着不屑、反抗或者无奈。

不过转眼间我们都远离了孩童时代，日积月累的生活经验让我们深切地体会到道歉的重要性。我们已经不再放纵自己的愤怒，已经不再以指责的态度生活，我们意识到了和谐的重要，也学会了在伤害他人的时候用歉意让自己的内心重获光明。

一般性的道歉和说"谢谢""有劳了"这些日常用语一样，应该随时脱口而出，如果在公车上踩了别人的脚，或者在拥挤的街道上撞到别人，应该在下一秒脱口而出"对不起"或者"不好意思"。同样，"抱歉""失礼了""请原谅"这些话也可以随时拿出来用。其实很多日常纠纷都只源于一件小事，尤其是在陌生人很多的公共场所，意识到自己的失误但是不吭声扭头就走的人是最让人生气的。

在商务活动和社交场合中，道歉也是不可避免的。不过这种道歉不同于日常生活中的小磕小碰，只用一句简单的"sorry"就能解决问题，商务活动中的道歉需要注意几点。

道歉应当及时。做了有碍他人的事，如果对方尚不知情，就一定要及时地跟他沟通，说明事件的原由，并且表达自己的歉意。这个过程不只是寻求对方谅解的过程，同时也是帮助对方解决问题，弥补自己过失的程序。一般情况下，再大的失误如果道歉及时，再加上积极地帮助对方解决问题，也不至于让对方恨你入骨。

道歉应当大方。我们已经不再是不肯认错的小孩子，相反，拥有大方的道歉态度是一个人修养和礼貌的一种体现。所以道歉的时候不应该忸怩，不应该把道歉当做耻辱的事情，应该大大方方，堂堂正正，完全彻底。同时，大方道歉不代表要把自己放在很低的位置上，也不要妄自菲薄，说什么“我真笨”“我真不是个东西”这样自我贬低的话，这样就算是对方接受了你的道歉，他也会有凌驾于你之上的态度，倒不如实事求是地请求原谅更好。

道歉不一定要用嘴说。如果做错了某件事需要道歉，而这件事对方又很清楚，这个时候可以用心照不宣的其他形式向对方表达歉意。在西方国家，冒犯了女性常常用鲜花表示歉意，一束鲜花可以摆平一切，让她转怒为喜，既往不咎。这类借助礼物来表达歉意的方式反馈的效果极好。当然，如果不便面对面地沟通，还可以写信，用一

道歉不一定要用嘴说

张素雅的信纸寄托歉意，相信对方也不会置之不理。如今网络无所不能，通过网上聊天的方式向对方道歉也未尝不可。

道歉并非万能。给对方造成重大损失或者造成了无法挽回的后果，恐怕道歉的形式也要花费一些心思。除了口头上的歉意之外，有必要改正自己日后的行为，一次道歉只能针对这一次失误，以后的行为中要避免再次出现这样的事情。从这个角度上来讲，道歉并非万能。

表达歉意是应对社交问题的重要方法，懂得认错的人才是值得交往的人，不过道歉也不能盲目，错误的道歉方式和道歉态度只怕会竹篮打水。

1. 只道歉却不主动承担责任。这种形式的道歉无异于送口头人情。如果自家的孩子在马路踢球的时候打碎了人家的玻璃，应该带上孩子登门道歉，并且带上一块修理窗户用的玻璃，这样的道歉程序才完美。

2. 在这个世界上有永远不道歉的人。他们认为自己永远是对的，尤其是领导面对他的员工时，因为要维护自己在下属面前的尊严，领导不会轻易在员工面前低下头，而倾向于把过失完完全全推到自己的下属身上。总是武断地指责对方大错特错，从不主动认错和承担责任的人不是成功的社交家。

3. 一面道歉一面推诿。这种道歉表面上是向对方承认自己的错误，请求对方的原谅，而实际上只不过是借道歉的幌子，把自己的委屈和无辜向对方倾述，本质上并不是道歉，而只是抱怨。

4. 道歉也有时机，赶在对方火头上去道歉，恐怕会让自己多受不少苦。道歉需要把握火候，虽然做了错事就该坦诚地表达歉意，不过赶在对方气头上去低头认罪不是明智之举。撞在对方枪口上的道歉就需要花费更多的力气，看准时机，再以诚相待，才是技巧化的道歉之道。

·拒绝

遇到不得不拒绝的事情，说出生硬的“不”字，会令对方心生不快，怎样让这些人不对你这个“不”字耿耿于怀，并且欣然接受你拒绝的态度呢？

战国时，韩宣王就欲重用两个部下一事征求掺留的意见，掺留明知重用二人不妥，但如果他直接说“不”可能会冒犯韩宣王，效果也不会好，还容易被韩宣王怀疑他嫉妒贤能。于是掺留用下面这段话表达了自己的见解：“魏王曾因重用这两个人丢过国土，楚国也曾因重用他们而丢过国土，如果我们也重用这两个人，将来他们会不会也把我国的利益出卖给外国呢？”掺留这种诱导式拒绝法的效果是显而易见的。

这就是说“不”的艺术。在我们的社交活动中，也会遇到不得不拒绝的事情。这样的情况就比较难处理，一般情况下，听到生硬的“不”字，所有人都会心生不快，而社交活动中向你提出要求的又往往是熟人或同事还有朋友，怎样让这些人不对你这个“不”字耿耿于怀，并且欣然接受你拒绝的态度呢？这就需要社交技巧了。

心理学的研究成果表明，一个人的心理期望值越高，其实现值往往就越低，期望值与实现值常常是成反比的。有些场合，我们也许以为承诺是为了礼貌，是出于保护对方的自尊心不受伤害，是替公众考虑。可是，从我们承诺的那一刻起，对方的期望值就可能达到了饱和状态。如果最后的现实是我们的承诺根本不能兑现，对方的心理实现值就会从饱和状态一下跌至负值状态，就有可能出现情感情绪反常，甚至失态。

说出生硬的“不”字，会令对方心生不快

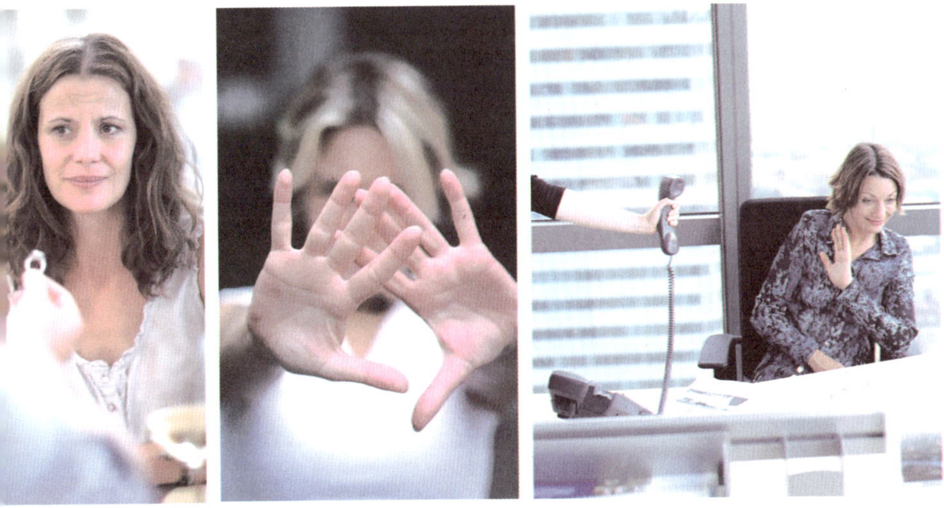

沉默也是拒绝的一种方式

这个时候，首先要确定拒绝这个大方向，然后在拒绝的方法上再仔细斟酌。

从语言技巧上说，拒绝有直接拒绝、婉言拒绝、沉默拒绝、回避拒绝四种方法。

直接拒绝，就是将拒绝之意当场讲明。采取此法时，重要的是应当避免态度生硬，说话难听。在一般情况下，直接拒绝别人，需要把拒绝的原因讲明白。可能的话，还要向对方表达自己的谢意或者歉意。

有人对拒绝的借口不屑一顾，只会生硬地把否定句式脱口而出。这种做法是不理智的。若是在商务交往时有人把现金当成礼物送给你，按规定不能接受的，但总不能不近人情地质问对方“用心何在”，这时最好采用委婉的语气来拒绝馈赠。很简单，这样说就完全能够应付：“栾先生，实在要感谢您的美意，但我公司规定，在商务活动中不能接受他人赠送的礼金。对不起了，您的钱我不能收。”

婉言拒绝，就是用温和曲折的语言，去表达拒绝之本意。与直接拒绝相比，它更容易被接受，因为它顾全了被拒绝者的尊严。

一位男士送内衣给一位非情侣关系的女士，这样的礼物非同寻常。作为女士，如果没有交往的意向是肯定不能收这份礼物的。不过直接拒绝难免语气里会带上气愤和厌恶的感情，甚至演变为敌对的反唇相讥。不如婉言相拒，说：“它很漂亮。只不过这种款式的我男朋友给我买过好几件了，留着送你女朋友吧。”这样婉言拒绝，既暗示了自己已经“名花有主”，又提醒对方注意分寸，同时也不会让话太尖锐太刺耳。

沉默拒绝，就是在面对难以回答的问题时，暂时中止“发言”，以此表达拒绝之意。当他人的问题很棘手甚至具有挑衅和侮辱的意味时，与其“拔剑而起”不如以静制动。无论此时你对对方的话多么不满，多么愤慨，一定要绷住：一言不发，静观其变。这种不说“不”字的拒绝，所表达出的无可奉告之意，常常会产生极强的心理上的威慑力，对方自然会退避三舍。

回避拒绝，就是避实就虚，不说“是”，也不说“否”，只是搁置此事，转而议论其他事情。遇上有人对你提出过分的要求时，就可一试此法。

拒绝需要掌握一些分寸和技巧：

1. 最怕遮遮掩掩地拒绝。有的人在拒绝的时候，认为拒绝本身就是很难为情的事情，就不愿意把实话和盘托出，只采用闪烁其词语气拒绝，这样反而让对方产生很多不必要的误会。其实只要处理得当，因为拒绝而伤害关系的并不多，反倒是拒绝的时候吞吞吐吐、模棱两可更容易伤感情。所以在拒绝的过程中，要点是说出真实情况。

2. 错过拒绝的最佳时机。拒绝别人要趁早，及早拒绝就不会耽误了对方的计划、伤害对方。如果对方请你帮忙订一张火车票，而恰逢最近你单位的事情很忙，加班是常有的事，无法帮他订火车票，那就要在最短的时间内拒绝对方，这样即使你帮不上忙，他还可以采取其他的办法，因为他还有时间。

3. 不留退路地拒绝。拒绝要给对方留个退路。如果你需要拒绝刚愎自用的人，那要事先想好拒绝的方式，因为这样的人往往喜欢坚持自己的见解，而且自尊心也很强，所以，你首先就要把对方的话从始至终地再听过一遍。拒绝的时候要给对方留下足够的面子，给他留下一个退路。

4. 含糊其辞地拒绝。如果确定对方的要求不能满足，那就要采取干脆的拒绝态度，不能绕太大的弯子，口干舌燥地说了十五分钟，听者还是对你的态度抱有幻想。表面上你是在照顾对方的面子，不想让对方有太大的落差，而实际上，你已经把你自己和对方都置于一个非常尴尬的境地。

良好的礼仪让人神清气爽

会谈礼仪

· 介绍

相信许多人遇到过当年程前的尴尬。许多年前，主持人程前刚刚出现在节目里，还是个经验很浅的小生。有一次面对观众和摄像机，他做了这样一个自我介绍："大家好！我叫程前。程前的前。"他的本意是想说"程前的程"，结果一紧张出现了口误。这个故事的真实性无从考证，是太久远的故事了，不过这段简短的自我介绍反映出很多人在做自我介绍时容易出现的问题。

很多人在面对众多听众的时候都会紧张，尤其是很熟悉的自我介绍环节里，更容易出现简单的疏漏。有一次参加行业会议，会上主持人请大家分别做个简短的自我介绍，方便同行业各个单位的人彼此认识。有一个单位只来了一位女孩，轮到她做自我介绍时，她很明显有点紧张，底气不足，首先说："大家好，我是 XXXX 的职员，我叫 XXX。"然后对她的单位做了简短的介绍，由于声音越来越小，除了前面的几句之外，余下的话在场的人谁也没有听清楚。不得已，大家一致要求她重新做一下介绍。

自我介绍就像一张名片

自我介绍就像一张名片，短短的几句话会给人留下或好或坏的第一印象。有人说“第一印象是黄金”，在社交场合中，如何在见面的前半分钟就让身边的人注意到你？当然是自信、稳重的自我介绍。这短短的半分钟看似简单，但也是考验一个人经验、阅历、学识、礼仪的绝佳时机。

最简洁的自我介绍是应酬式的自我介绍，往往只包括姓名一项即可。如：“您好！我叫王欢。”它适合于一些公共场合和一般性的社交场合，如途中邂逅、一般性的公司会晤、舞会等。它的对象，主要是一般接触的交往人。

常用的自我介绍是工作式的自我介绍。其包括本人姓名、供职的单位以及部门、担任职务或从事的具体工作等。通常情况下，在工作的环境里做自我介绍，一定要包括以上三项内容。而且如果自己的供职单位并非很有名气，还要对供职单位做简要的注解，以方便对方了解基本信息。比如这样的自我介绍：“我叫隋唐，是隆盛地产的营销经理。”

非正式场合还可以用交流式的自我介绍。交流式自我介绍也叫社交式自我介绍或沟通式自我介绍，是一种刻意寻求与交往对象进一步交流，希望对方认识自己、了解自己、与自己建立联系的自我介绍，适用于氛围比较轻松的社交场合。介绍的要旨包括本人的姓名、工作、籍贯、学历、兴趣以及与交往对象的某些熟人的关系等。如：“我叫筱洁，是宏润公司的业务副经理。

交流式的自我介绍

我出生在辽宁，相信诸位中有我的老乡。”

在大型庆典活动中，要用礼仪式的自我介绍。这是一种表示对交往对象友好、敬意的自我介绍。适用于讲座、报告、演出、庆典、仪式等正规的场合。介绍的内容除了姓名、工作单位、职务等基本信息外，还要加入一些适当的谦词、敬语，以示对交往对象的尊敬。如：“女士们、先生们，大家好！我叫宋昭，是中航集团的会计。值此之际，谨代表本公司热烈欢迎各位来宾莅临指导，谢谢大家的支持。”

如果有人对你的身份感兴趣，也会主动就你的个人信息提问，你需要根据对方的提问作出自己的回答。这是问答式的自我介绍。这种方式适用于应试、应聘和公务交往。在普通交际应酬场合，它也时有所见。举例来说，对方发问：“这位先生贵姓？”回答：“免贵姓张，弓长张。”

自我介绍需要当事人有一定的心理准备，它需要个人有操控场面的能力，语言要有感召力，其实我们听过许许多多的人作过自我介绍，也能够分辨出什么样的自我介绍是失败的。

1. 紧张、不自信的语气。

2. 啰唆的自我介绍。一般情况下，如果你名字里的三个字都很平常，就用不着一一地把每个字解释一番，几乎没有人对你名字里的字到底怎么写产生质疑，为了节省时间，还是省略的好。

3. 在不适当的时机作自我介绍。有的时间、有的地点、有的场合不适合作自我介绍。比如，大家都在聚精会神地看电影，你硬要拦过大家的视线介绍自己，这样的行为不会博得任何人对你的好感。

4. 在自我介绍里有失实的自夸成分。自我介绍可以幽默，不过要实事求是，过分夸大自己的才能或身份的自我介绍只能博得一时的关注，迟早会被拆穿。

5. 态度含糊的自我介绍。

拜访是一门没有章法的学问

· 拜访

拜访是一门没有章法的学问。成功的拜访会让主人望着你的背影恋恋不舍，失败的拜访则会让主人迫不及待地关上门，大松一口气。

同事一上班就跟我抱怨，她和老公的一位朋友前一天晚上到她家做客，这可真是一位让人头疼的客人，这位仁兄在她家一坐下就没有要走的意思，她老公只好陪着他聊天，一直聊到了半夜。其实他也没有什么重要的事情，无非是谈论他自己在单位遇到的诸多不如意。同事很苦闷地说："既然是很熟的朋友，帮助他分忧解难自然是我们分内的事，所以他的抱怨我们只能听着，人家正在情绪的低谷，我们又不能下逐客

来者是客

令，就这样打着哈欠陪他聊到了将近半夜十二点。”

这样的事情相信很多人都遇到过，在我国北方有句俗语叫“屁股沉”，意思就是去别人家做客一坐就是几个小时，坐下聊起来就没完，把主人家当成自己家了，好像屁股很沉轻易挪不动似的。其实这样的举动是不合乎礼仪标准的，在商务拜访中，尤其是以洽谈事务为目的的拜访，这样的举动就更不可取了。

从主人的角度来说，如果有人登门拜访，按照中国“来者是客”的传统观点，那就一定要好茶好饭地招待，这是中国人待客的传统礼仪，也是与人为善的基本修养。不过如果客人在拜访的时候没有基本的礼仪常识，会让主客双方都很为难、很尴尬。

无论是商务拜访还是到主人家里拜访，都应事先和被访对象约定，以免扑空或打乱主人的时间安排。

商务拜访：

拜访要准时。一般情况下，主人会按约定时间作好待客准备，这样如果你迟到或者临时改变拜访时间，会给主人造成很多不便。

拜访时间长短要依拜访目的和与主人的关系而定，如果是商务拜访，最好是直接进入主题，当商务洽谈完成之后，可能适当谈点其他话题，不过这个时间不宜太长，要以不影响主人其他工作安排为准，一般而言拜访时间宜短不宜长。一般情况下对方也会很忙，所以你要尽可能快地将谈话引入正题，而不要首先就闲扯。表达完你自己的态度之后，要让对方发表意见，并要认真地听，不要辩解或不停地打断对方讲话。你有其他意见的话，可以在他讲完之后再说。

到达约定的拜访地点时，要用手轻轻敲门，进屋后应待主人安排指点后坐下。后来的客人到达时，先到的客人应该站起来，等待介绍。如果有接待人员或助理负责，要告诉接待人员或助理你的名字和约见的时间，递上你的名片以便助理能通知对方。对待助理的态度也要谦和，要对助理人员说明来意，等待工作人员安排与主人会面。

拜访时应彬彬有礼，注意一般交往细节。告辞时要同主人和其他客人一一告别。

冬天穿着外套的话，如果助理没有主动帮你脱下外套或告诉你外套可以放在哪里，你就要主动询问一下。在等待时要安静，不要通过给他人打电话来消磨时间，这样会打扰别人工作。尽管你已经等了二十分钟，也不要不耐烦地总看手表，你可以问接待人员或助理，约见者什么时候有时间，如果你等不及那个时间，可以向助理解释一下并另约一个时间。当你被引到约见者办公室时，如果是第一次见面，就要先作自我介绍，如果已经认识了，只要互相问候并握手就行了。

家庭拜访：

如果不巧主人的家里有别的客人，而你的拜访又没有重要事情，就要识相地立刻告辞，跟主人说改日再来拜访。在这个时候不要赖在主人家里不走，或者很积极地跟主人家里的其他客人攀谈，因为此时他们或许正在谈论严肃的事情或者私事，你的介入会令主客双方都不舒服。

到主人家里做客，如果条件允许，可以给主人家的孩子带一些小礼物，不过事先要了解主人家人的喜好，这样的拜访要想成功，需要建立在对主人充分了解的基础之上。相反，如果是很亲密的朋友，那就不必每次拜访都带上礼物，这样主人反倒会觉得你很见外。

拜访的礼仪周全与否决定了拜访目的的实现程度。如果想让自己的拜访完美无缺，那就要防范以下拙劣的社交习惯：

1. 迟到或不守时。

2. 拜访时间过长，影响主人的其他日程安排。

3. 太把主人家当自己家，拜访太随便。
4. 拘谨。
5. 说话或行为太大声，吵到主人的家人或其他同事。
6. 细节疏忽，弄脏主人的地毯或摔碎主人的杯子。
7. 对拜访对象的下属不尊重。
8. 省略必要的寒暄。

在我们的工作中，总会遇到各种各样的来访者

·接待

接待工作看似鸡毛蒜皮，却是接待者个人及所在公司工作态度、工作能力的缩影。

在我们的工作中，总会遇到各种各样的来访者。有领导的上级、同事的客户、单位员工的亲戚朋友、兄弟单位的领导、项目合作伙伴等等，接待工作也要审时度势，具体情况具体处理，这样才会做到有礼有节，协调好单位和来访人员的关系，展现出良好的职业人素质。

通常情况下，如果来访者是领导的上级、同事的客户或单位员工的亲戚朋友，应该热情地请进会客室就座，上茶，可以说“您稍等一下，我看一下 ××× 在不在。”并马上请示领导，再按照指示接待、安排。

如果遇到推销员，最好先打电话给相关部门，如果相关部门有意向或是事先有约的话，需要你指引他们过去。如果没有预约，而推销员又坚持要见相关领导，接待人员也没必要黑着脸一味推辞，可以委婉地让推销人员把材料留下，回头请领导过目。领导如果感兴趣，你再及时、主动地和他们联系。

遇到客户来访，是需要谨慎对待的事。有些客户来访的问题，是很简单的，不需要领导出面也可以解决，这时，你就要承担“分担领导工作”的责任了：你可以介绍他们去找相关部门的主管或人员交涉，但事先应主动替客户联系，然后指明该部门的名称、位置，最好能亲自引领客人去。

一般情况下，接待工作要注意一些基本礼节，首先，对来访者，应起身握手相迎，对上级、长者、客户来访，要起身上前迎候。

其次，和来访者交谈时态度要认真，要有倾听的姿态。来访者都是因为具体的事情而来的，因此要尽量让来访者把话说完，并认真倾听，然后帮助来访者想办法解决。对来访者的意见和观点不要轻率表态，应思考后再作决

把握好必要的接待细节

定，对一时不能回答的问题，要约定一个时间后再联系。相反，对于能够马上答复的或立即可办理的事，应当场答复，迅速处理，不要让来访者等待，或再次来访。

如果在接待来访者时，有电话打来或有新的来访者，或者有新的任务需要完成，要礼貌地对来访者说明，并且请同事或者其他工作人员代为接待，不能让来访者坐冷板凳。对来访者的无理要求或错误意见，应有礼貌地拒绝，而不要刺激来访者，使其尴尬。若想结束接待时，可以委婉地提出借口，也可用起身的体态语言告诉对方本次接待就此结束。

接待工作中要主动和来访者谈话，如果不是直接插入主题，我们可以用这些话来拉近彼此的关系："您喜欢这里的气候吗？""您喜欢我们的城市吗？"如果接待国际友人，可以说："您这是第一次来我国吗？""到我国来多久了？""这是您在国外第一次任职吗？"分别时要对对方说："很高兴与您相识，希望再有见面的机会。""再见，祝您周末愉快！"等。此外，接待时还可谈论涉及天气、新闻、工作、业务等事情。

如果需要接待前来访问、洽谈业务、参加会议的外国客人、外地客人，还有一些必要的细节需要把握，比如，要了解对方到达的车次、航班，安排与客人身份、职务相当的人员前去迎接。如果因为职务相当的人员工作繁忙，无法亲自前去迎接，那么接待要员应向客人作出礼貌的解释。到车站或机场去迎接客人，应提前到达，恭候客人的到来，绝不能迟到让客人久等。不要给客人心里留下该单位不守时或不守信用的印象。迎接客人应提前为客人准备好交通工具，不要等到客人到了才匆匆忙忙准备交通工具，那样就算客人不计较，也会在这个过程中浪费许多时间。负责接待的人应提前为客人准备好住宿，帮客人办理好一切手续并将客人领进房间，同时向客人介绍住处的服务、设施，将活动的计划、日程安排交代给客人。

在接待工作中，有一些行为容易惹来是非，千万要避免。

1. 接站或接机时迟到。让客人在机场或车站等候是很伤人的行为，客人会认为接待的人缺乏基本的尊重和时间观念，可能还会对洽谈事宜产生恶劣影响。

2. 争执。如果和来访者发生争执，就算整个事情都不是你的错，领导也可能会对你的工作能力产生怀疑。有句话说得好“来的都是客”，对客人可不要怒目相向。

3. 多嘴。在接待过程中，可能会有机会和访客聊天。闲聊也要掌握技巧，不能以个人隐私为谈资，也不能拿各自公司的事务来闲聊，尤其是关系到合作事项的话题。

接待工作中要主动和来访者谈话

握手的细节表达出不同的礼遇及态度

·握手

握手的力量、姿势与时间的长短往往能够表达出握手对对方的不同礼遇与态度，显露自己的个性，给人留下不同印象。

公元238年，共掌帝国朝政的两位罗马皇帝巴尔比努斯和马克西米努斯在钱币上铸了握手图案，象征和谐共治。在美国历史上，也曾经把握手当做和谐、合作、和平的象征。1775年发行的纪念章，铸着威廉潘恩在缔约仪式上和印第安酋长握手为礼的图案。

力度适中的握手让对方感到你的真诚

历来最昂贵的一次握手，大概是 1975 年 7 月 17 日美国太空船“阿波罗”号和前苏联太空船“联盟”号在太空相会时的千金一握。两艘太空船会合之后，美国太空人史达福缓步而行，走过一条专为连接两艘太空船而建造的通道，终于握到了前苏联太空人列昂诺夫伸出来的手。那一握传达给世人的信息是合作、和平。

在国家领导人会晤的场合，公司的合作、谈判期间，都会看到很多次握手的场面。通过握手可以了解对方的个性、喜好，从而赢得交际的主动权。

就像美国著名女作家海伦·凯勒所说的：“我接触的手有的能拒人千里之外，也有些人的手充满阳光，你会感到很温暖。”握手作为社交场合中出现频率很高的动作，我们需要把这个动作练到精致，以给他人带来阳光和温暖。

什么时候需要握手?

通常，初次见面、久别重逢、告辞或送行都可以用握手来作为交流的第一步。

此外，有些特殊场合也可以握手，比如向人表示祝贺、感谢或慰问时，交谈中双方意见达成一致时习惯上也以握手为礼。

怎样握手?

握手时，正确的做法是，距对方约一步远，上身稍向前倾，两足立正，伸出右手，四指并拢，虎口相交，拇指张开下滑，向受礼者握手。掌心向下握住对方的手，显示着一个人强烈的支配欲，这是在用手势告诉对方：他此时处于高人一等的地位。如果不了解这种常识，就可能无法避免这种傲慢无礼的握手方式。相反，掌心向里握手显示出一个人的谦卑和毕恭毕敬。最常见又不失礼的握手方式是两手的手掌都处于垂直

状态。这是一种最普通也最稳妥的握手方式。

长辈和晚辈之间，长辈伸手后，晚辈才能伸手相握。上下级之间，上级伸手后，下级才能接握。男女之间，女方伸手后，男方才能伸手相握。当然，这些规则并不是绝对的，有时候女士面对长者，就要等长辈伸手后女士才回应。

多人握手要讲究先后次序。由尊而卑，即先年长者后年幼者，先长辈再晚辈，先老师后学生，先女士后男士，先上级后下级。交际时如果人数较多，可以只跟相近的几个人握手，向其他人点头示意，或微微鞠躬就行。有时候会发生尴尬的场面，就是当一方伸出手时，另一方没有握手的意向，这时需要审时度势，在主动和人握手之前，应想一想自己是否受对方欢迎，如果察觉对方不想和你握手，只需点头致意或微鞠躬就行了。

握手有哪些禁忌?

1. 不要伸出左手与他人握手。握手这项礼仪来自西方，在西方国家，双方伸出右手相握才能表达友爱、和平之意，如果因为抽不出右手，而伸出左手来和对方握手，对阿拉伯人和印度人来说是侮辱的意思，在中国的社交场合也同样具有杀伤力。

2. 不要在握手时另外一只手插在衣袋里或拿着东西。这个握手的动作过于倨傲，

即使你在对方面前有绝对的权威，做出这样的握手动作也等于自降身价。

3. 不要在握手时面无表情、冷漠孤傲。

4. 不要拒绝和别人握手。如果手上有伤口或者手很脏，那就要谦恭地和对方说明："对不起，我的手太脏了。"这样才不会让人误以为你太傲慢。

5. 不要在握手时戴着手套或墨镜。所有人在握手时都要摘掉手套，偶尔在晚宴或户外，允许女士戴着薄纱手套握手。如果无法摘掉手套或手很脏的时候，需要向对方表示歉意。

6. 握手时不要长篇大论地讲个没完，过分客套，或握住对方的手不停地摇摆，长时间不松开。

7. 握手时要握住整个手掌，即使对异性，这样做也并不是失礼的行为。有人喜欢在握手时仅仅握住对方的手指尖，好像有意与对方保持距离，这样做的话，握手这一动作所传达的友好之意就荡然无存。

8. "死鱼"式握手。握手时伸出一只无任何力度、质感，不显示任何信息的手。给人的感觉就好像是握住一条三伏天腐烂的死鱼。这样的握手会把你懦弱、冷漠、傲慢的个性传达给对方。

9. 蜻蜓点水式握手。握手时两手一碰就分开，时间过短，好像在走过场，又像是对对方怀有戒心。

不要拒绝和别人握手

名片让沟通更方便

· 名片

有人说："在现代生活中没有名片的人往往是没有社会地位的人。"其实这话倒是有些绝对和夸张，不能用名片来衡量一个人的社会地位，不过名片却实实在在是社会交往中的重要工具，在一定意义上讲，名片可以彰显一个人的身份、地位以及礼仪素养。在日常交往中，如果一个人的交际圈比较大，那么名片就会在他的生活中频繁出场，同样的道理，如果在特定的场合你拿不出名片来，也说明你是一个不善于交际的人，或者说你是一个交际圈很窄的人。

我也遇到过这样的尴尬。去参加一个公益活动，以为只是简单的活动，却没想到到场的有几位同行。活动期间和他们攀谈起来，姓罗的同行是一个对我们所从事的行业很了解的人，他的观点切中要害，听得我和另外一位同行频频点头称是。后来另外一位同行向罗先生索要名片，并且回赠了他自己的名片。我呢，根本就没想到需要名片这码事儿，在这个时候如果找张纸来，写上自己的名字和电话回赠给罗先生，就显得有些滑稽，一时无措之际，只好对罗同行致歉，说自己的名片用完了。

大家都知道，社交场合拿不出名片的人是没有现代意识的人，不会使用名片的人也是一个不懂社交礼仪的人。有名片不会用名片也等于形象自残，在商务交往中，使用名片有特定的礼仪习惯。

名片放在哪?

名片是社交场合的通行证，是礼貌交际的联络卡。一般名片应该放在名片包里，男士穿西装的话，放在上衣口袋里，女士要把名片放在手袋里面。有人喜欢随便乱放名片，揣在裤子口袋里可能会弄皱名片，那样如果真的需要亮出名片的那一刻难免要出丑。同时，名片应该有自己的名片夹，尽量不要把名片放在钱包里，就算你的钱包容量够大，把名片和纸币混放在一起，递上名片的时候对方或许会

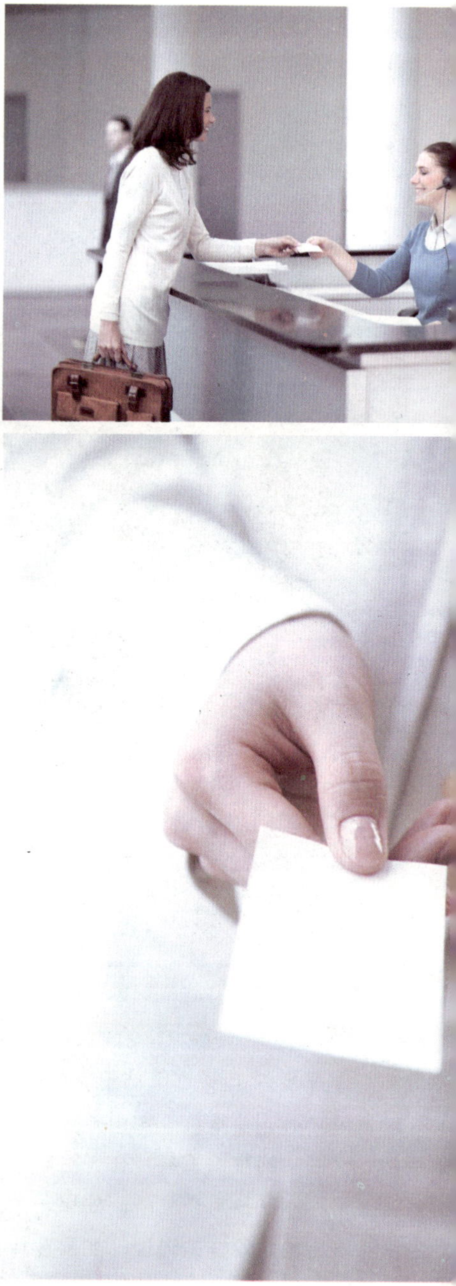

名片是社交场合的通行证

名片相当于第二张脸

看到你钱包里那一沓纸币，如果一不小心把钱和名片一起抽了出来，那就会闹出更大的笑话。

因为我们可能会在办公室会见朋友，所以名片也可以放在办公桌的抽屉里。放在这里的名片要确保随手可以拿到，千万别坐在自己的座位上到处乱翻，就为了找一张名片。这样的话对方一眼就看出你是一个工作没有条理的人，同时也是对访客的不尊重。

怎样递出名片?

递出名片时要用双手的拇指和食指捏住名片的两角，把文字面朝上递出，并且在递出的时候要确保文字的方向是便于对方阅读的方向。必要的时候，为了表示足够的尊重，递上名片时还要起立。现场交换名片时你要注意递出名片的顺序，比如男士先递给女士，晚辈先递给长辈，下级先递给上级，主人先递给客人。

怎样接收名片？

首先你要起身迎接。不管你在吃饭，看电视，还是跟别人交谈、打电话，要把手里的事放下来站起来接名片。名片上有对方的名字，从这个角度来说，接收者对名片的不重视会让名片的主人心生不悦，因为那就是对他本人的不重视。接收名片的时候还要表示谢意，比如人家说多指教，你应该说不客气或者说彼此彼此。收到名片后要立即放好，可以放在自己的名片夹里，不要拿着别人的名片在手上把玩。

名片应该是什么样的？

名片的颜色最好要少，方便阅读的名片只有两种颜色——纸的颜色和文字的颜色。纸张的颜色要略浅，白色、浅灰色、淡黄色都是不错的选择，这样的底色印上黑色的字迹会比较美观。名片上要包含你的如下信息：姓名、工作单位及职务、办公电话。

名片相当于你的第二张脸，所以在递出名片时也要小心自己的脸面：

1. 不要递出一张脏兮兮的名片。如果没有干净的名片，就坦率地跟对方说明，最好不要递上一张脏名片，让对方不知道该放在哪里好。

2. 收到名片后别忘了把名片回赠给对方。

3. 不要随意分发自己的名片。首先，名片上有你的联系电话等信息，这些信息属于个人隐私范畴，如果不想接到莫名其妙的骚扰电话，就不要把自己的名片当成小广告那样散发。

4. 不能用左手递交名片，也不能用左手接过名片。

5. 不要将名片背面对着对方或是颠倒着面对对方送出。

6. 不要将名片举得高于胸部。

7. 名片不能涂改。

8. 名片上不要出现让人眼花缭乱的众多头衔。只要呈现你最重要的社会角色就可以了，不要让人看得摸不着头脑，这样的名片非但达不到联系沟通的作用，还暴露了你的好大喜功。

9. 不要提供私人联络方式。一般情况下家庭电话和手机号码是不应该出现在名片上的，要有自我保护意识。

求职面试的第一道考试题就是时间

· 面试

有位卡耐基总部的副总裁来香港给培训老师讲课。培训中心地处铜锣湾，这位副总裁下榻的饭店也在铜锣湾，不过五分钟的路程，可他却整整提前了半个小时。有人问他为什么提前这么早到，这位副总裁说："我早到，心里就踏实，就能镇定一下，就更有自信了。我们搞心理培训的人都明白，如果一旦迟到，就很容易心怀愧疚，在课堂上的发挥以及在逻辑思维、语言表达方面都会大打折扣。"

培训授课如此，面试时同样适用。求职面试的第一道考试题就是时间。这也是职业道德的基本要求，关于面试的时间，要牢记"赶早不赶晚"，参加面试提前 10～15 分钟到达面试地点效果最佳，不过为了保险，提前半个小时也不为过，不过更长的时间也不太合适，会被人看做没有时间观念。关键就是不能迟到！在面试时迟到或是匆

穿着既不古板也不暴露

匆忙忙赶到都是致命的，不管你有什么理由，迟到也会被视为缺乏自我管理和约束能力。

保持眼神交流。当面试官说话的时候你的神情要专注，不要打断他的说话，即使在面试过程中，大多数时间都是他在说话，这也很正常，可能这也是那个公司的要求，又或者你碰上了一个健谈的人。面试结束后，不要忘记直视面试官并表示感谢，然后真诚地与他握手。

穿着既不古板也不暴露。不要穿着你从来没穿过的新衣服去面试，这样你可能会因为身体的束缚而变得不自信，自然就会影响你的发挥。其实面试的着装并没有硬性要求，一个很简单的标准就是比上班着装稍微正规一点。

良好的言行举止。谦逊友好的人一般都会有很好的人缘，所以应试者在面试时一定要给人以和风细雨的感觉，千万不要夸大其词，唾沫横飞，让人觉得你的个性难驯，作风浮夸；同时，沉默寡言，惜字如金也是不可取的，这样会给人留下木讷呆板、难以相处的印象。人力资源需要一个容易合作的人，所以在面试时要表现出你的亲和力和协作精神，合作能力强的人，最容易受面试官的青睐。

用身体语言演好面试这出戏

用身体语言演好面试这出戏。整个面试过程的时间通常只有一个小时左右，我们可以把它想象成为一个舞台剧。戏里的主角是人事主管和求职者，角色只有两个，但剧情是千变万化的。作为扮演求职者的一方，一定要把握求职礼仪上的分寸，不要过火或不到位，把“好戏”给演砸了。虽然面试主要是语言交流，不过身体语言在人际交流中也可能传达50%以上的信息。有人面试屡屡失败，仔细分析起来，衣着得体、专业知识过硬，而且对面试官出的题目都能对答如流，这种情况下问题很可能就出在身体语言上，可能你在无意中透露了哪些不好的动作或习惯。

用目光证明自己能行。面试时，应试者应当与主考官保持目光接触，以表示对主考官的尊重，切忌目光游离，躲避闪烁，这是缺乏自信的表现。

在进出面试办公室时，注意进退礼仪，一定要保持抬头挺胸的姿态，切忌频繁地耸肩，手舞足蹈，左顾右盼，坐姿歪斜，晃动双腿等。嗓音可以看出一个人是否紧张，是否自信等，要控制说话的语速，不要尖声尖气，细声细语，应保持音调平静，音量适中。回答要尽量简练，不要带“嗯”“这个”等口头语。

如果你是负责面试的考官，你会用挑剔的眼光看进入考场的每一个人，挑剔的要点有如下几个：

1. 进房间不敲门。

2. 紧张，行为慌乱，语无伦次。

3. 眼神躲闪，表情僵硬。

4. 不问候考官。这并非考官的一己私见，第一声招呼往往就能看出一个人的素养。

5. 表达不畅，音量过小或音量过大。

6. 手势过多，双腿不停地抖动。

7. 不留意自己的体味，口气不清新，身上带有浓重的汗味，会让考官不想多和你说一句话。

8. 落座和起身时让椅子腿划在地上发出刺耳的声响。

9. 在进入考场前沉默寡言或者过分活跃。

10. 对公司的其他人，包括接待小姐不礼貌。

11. 坐姿无精打采，弓着腰，或者垂着头。

12. 不会微笑。

不要畏惧考官挑剔的眼光

圆桌会议更便于交流

· 会议

很多人都不讳言，参加会议是件无聊的事。对于会议的组织者和参与者而言，如何让会议顺利进行，如何在会议中得体表现，都涉及礼仪学问。

因为工作关系，朋友要参加许多形形色色的会议，在他的经验里，有的会议安排得紧凑合理，让与会者有宾至如归的感觉，而有的会议则因为组织和策划不当，给与会者造成松散、凌乱的印象。一次他去开会，到了开会地点，负责会议接待的人只告诉他吃和住的地点和时间，然后就让他去宾馆休息。这是个将要持续三天的会议，可是明天做什么、后天做什么一概没有人跟他说明，他在宾馆待得很无聊，只好下楼去附近的小市场闲逛，买当地很香的煮玉米吃。在宾馆的电梯里，他碰到了同样参加本次会议的另一位年轻人，对方说他也只是知道吃和住的具体事宜，至于会议安排，他也只能等通知。

第二天中午，在一头雾水地过了近二十个小时之后，终于有人来敲朋友房间的门，告诉他下午到某地去参加会议。路上又碰到电梯里遇到的朋友，对方说这大半天过得一点意思也没有，就在刚才那一刹那才有了找到组织的感觉。会议开始之后，组织者安排当天下午的会议内容时说："大家的时间都很宝贵，我们尽量把会议安排得紧凑一点。"朋友和那位仁兄心照不宣地相视一笑。

组织者应灵活控制会议时间

作为工作中的一项日常活动，会议大家都会经常参加的。不管你是参与者还是组织者，都要注意一定的社交礼仪。尤其是组织者，对会议的成败起着决定性作用，而且这些决定会议成败的要素往往不是大事，通常潜藏在会议流程的细节之中。

如果你是负责主持会议的人，不要忘了你的主要任务：介绍与会人员、控制会议进程、避免跑题、控制会议时间。

如果座次也要你来安排的话，不要忘了座位的安排也有尊卑暗示。会议所用的桌子一般有两类：方桌会议和圆桌会议。一般情况下会议室中是长方形的桌子，包括椭圆形，就是所谓的方桌会议，这样的会议主次安排有很明确的礼仪规则：如果只有一位领导，那么他一般坐在这个长方形的短边的这边，或者是比较靠里的位置。就是说以会议室的门为基准点，在里侧是主宾的位置。如果是由主客双方来参加的会议，一般分两侧就坐，主人坐在会议桌的右边，而客人坐在会议桌的左边。

如果是圆形会议桌，则可以不用拘泥这么多礼节，主要记住以门作为基准点，靠

里面的位置是比较主要的座位，就可以了。

在会议完毕之后，我们应该注意一下细节，才能够体现出良好的社交礼仪。首先，会谈要形成文字结果，哪怕没有文字结果，也要形成阶段性的决议，落实到纸面上，还应该有专人负责相关事宜的跟进；事先应准备好纪念品，如果有精力，可以在纪念品上印上公司的标志，不要忘了从各个角度为公司的形象作宣传；如果是合作单位，还可以带领与会人员参观公司或厂房等；最后，合影留念是必不可少的，如果这是一次和谐的、顺利的会议，所有人都会把这张合影当成美好回忆。

如果你不是会议的组织者，而只是参加会议的一个普通人，在会议上也要注意自己的行为举止。

会议上一定会给与会者安排发言的机会，如果是自由发言，不要做个木讷的倾听者，而要主动抓住机会发表见解。自由发言一般会比较随意，但随意也要讲究顺序和秩序，不能争抢发言；发言应简短，观点应明确，没有人介意你在发言中展示你的幽默细胞，如果能在你简短的发言中引他人一笑，也能让人很快地记住你；与他人有分歧，应以理服人，态度平和，如果组织会议者叫停，就要听从指挥。

会议有一种严肃的探讨性质，所以不能让自己组织的会议一团糟。一切不利于会议顺利开展的失误都不应该发生：

1. 说有侮辱性的字眼，观点极端，人身攻击。

2. 迟到、早退。作为组织者更应该守时，组织者一个人迟到，可能影响到整个会议的进程。

3. 忽视机场、车站的接站工作。

4. 会议资料、会议相关物品准备不全。

5. 会议场地准备不充分，灯光、音响设备不齐全。

6. 没有掌握与会来宾的个人信息，比如民族、饮食习惯等。

7. 组织不利，不能兼顾所有的与会人员。

8. 财务混乱。组织会议的人应提供会议过程中的详细费用发生明细及说明。

会议具有探讨的性质

谈判是一项技术性很强的活动

·谈判

在谈判桌上人身攻击或居高临下都是失败的礼仪。

谈判是一项技术性很强的活动，它并不是对利益简单的你争我夺，而是要在利益均沾的基础上各自作出让步。在这个活动里，冲突和强权在所难免，所以谈判桌上更要讲究社交礼仪。

谈判要持有正确的态度。所谓正确的态度，是指在洽谈开始之前就要有翔实的相关资料，谈判要依照资料和客观的态度进行。这样就会避免谩骂和无谓的争执。

谈判要有客观事实依据。谈判者要尽可能地取得真实而准确的资料，不要以道听途说或是对方有意散布的虚假情报，来作为自己决策时的依据。

决策时要有冷静的头脑。无论谈判的结果如何，参与谈判的人态度要清醒而冷静，不要为感情所左右，或是意气用事。

商定谈判地点。在谈论、选择谈判地点时，既不应该对对手听之任之，也不应当固执己见。正确的做法是：应由双方各抒己见，最后再由大家协商确定。通常谈判的地点有如下几种：主座谈判指的是在东道主单位所在地所举行的谈判，通常认为，此种谈判往往使东道主一方拥有较大的主动性。客座谈判指的是在谈判对象单位所在地所举行的谈判。一般来说，这种谈判显然会使谈判对象占尽地主之利；主客座谈判是在谈判双方单位所在地所轮流举行的谈判。这种谈判，对谈判双方都比较公正；第三地谈判是在不属于谈判双方的单位所在地之外的第三地点进行。这种谈判更为公平，更少干扰。

如果是主座谈判，那么谈判的组织者身为东道主，应按照分工，自觉地做好谈判现场的布置工作，以尽地主之责。

座次安排。举行正式谈判时，有关各方在谈判现场具体就座的位次，要求是非常严格的，礼仪性是很强的。双边谈判多采用竖桌式的座次排列，具体排位时以进门时的方向为准，右侧由客方人士就座，左侧则由主方人士就座。多边谈判，有三方或三方以上人士共同参加，所以座次安排略有不同，可以有自由式和主席式两种座次排列方法。

在谈判现场，谈判者要保持职业形象。首先要讲究打扮，此举并非是为了招摇过市，而是为了表示自己对于谈判的高度重视。参加谈判前，应认真修饰个人仪表，尤其是要选择端庄、雅致的发型，一般不宜染彩色发，男士通常还应当剃须。而在谈判中女士通常应当认真进行化妆。淡雅清新的妆容能令谈判氛围更轻松更和谐一些。

在整个谈判进行期间，每一位谈判者都应当自觉地保持风度。心平气和是谈判的首要要求。还更要处变不惊，不急不躁，冷静处事。既不成心惹谈判对手生气，也不自己找气来生。这是高明的谈判者所本应保持的风度。

争取双赢。从本质上来讲，真正成功的谈判，应当以妥协或相互让步为最佳结局。也就是说，谈判不应当以“你死我活”为目标，而是应当使有关各方实现双赢。

讲究礼貌。在谈判过程中，不论身处顺境还是逆境，都切记不可意气用事、举止粗鲁、表情冷漠、语言放肆、不尊重谈判对手。切莫进行人身攻击、恶语相加、讽刺挖苦。

谈判桌是个容易丢人现眼的场合，很多人的急躁性格和粗鲁言语都可能在谈判桌前表现出来，所以从一定意义上讲，谈判的结果与谈判者的个人修养有很大的关系。在谈判桌上不要露出如下马脚：

1. 态度倨傲。

2. 打断对方谈话。

3. 列举虚假事实或数据。

4. 自私，不顾对方利益得失。

5. 说粗话。

6. 人身攻击。

7. 把私人关系和感情带进谈判中。

8. 衣冠不整。

见信如见面

通讯礼仪

· 电子邮件

收到一封简洁、工整、措辞得体的电子邮件，如同约见一位优雅、知性、简约大方的女孩。

相信每天打开邮箱的人，都会被那些垃圾邮件所困扰。有一些标题为“代开发票”“财务部收”的邮件，打开后内容无非是优惠代开发票的非法广告。还有一些标题为“尊敬的李小姐”，如果恰巧你姓李，估计会毫不犹豫地打开邮件，然后发现上当了，内容可能是某网站的广告，或者群发给很多人以提高点击率的网址。还有一些垃圾邮件擅长打感情牌，标题为“献上我最真的祝福”，邮件内容大都是虚假广告或反动言论。

日复一日，电子邮件的附属垃圾让你烦不胜烦，你和垃圾邮件斗争的经验会越来越丰富。遇到类似的标题，或者遇到一串字母或乱码的标题，又或者显示的邮件地址你不熟悉，就可以直接点“永久删除”键，让它们从你的视野里消失。

畅享电子邮件的便捷

不过这些无害的垃圾也就忍了，偶尔也会有人发来更恐怖的邮件。我们单位的全体同事同时收到过同样一封电子邮件，邮件的地址和标题都很正常，打开来看，邮件是一位自称某中学的教师发来的，内容是多年来他们学校和我们的合作一直很愉快，也一直关注着我们，所以自己拍了一些与我们公司之间的故事，希望我们看后开心一笑。邮件的附件中有一个压缩文档。更稀奇的是这位仁兄叫得出我们单位所有同事的名字，所以几乎没有人表示怀疑，无一例外地打开了附件中的那个压缩文档。结果电脑开始繁衍出各种各样的病毒……

电子邮件，又称电子函件或电子信函。它是利用电子计算机所组成的互联网络，向交往对象发出的一种电子信件。使用电子邮件进行沟通很安全，保密性能又好，还节省了时间，又不受篇幅的限制，同时又能大大地降低通讯费用，所以在商业活动中，每天都有大量的邮件需要处理。不过正因为电子邮件在工作中应用得越来越普遍，它对使用者的素质和修养也会体现得越来越明显。使用电子邮件进行交流也要讲究一定的礼仪。

电子邮件应当认真撰写。向他人发送的电子邮件，一定要精心构思，认真撰写。

小心使用附件、抄送功能

若是随想随写，也许会让你的邮件浅显易懂，但是有时候却容易遭到误解，有时候免不了还要打电话、发传真澄清邮件所表达的意思。电子邮件的主题要明确。一个电子邮件，大都只有一个主题，并且往往需要在前面注明。若是将其归纳得当，收件人见到它便对整个电子邮件一目了然了。电子邮件的语言要流畅。电子邮件要便于阅读，就要以语言流畅为要。尽量别写生僻字、异体字，同时，如果需要引用数据、资料时，则最好标明出处，以便收件人核对。电子邮件的内容还要简洁。大家工作的时间都极为宝贵，所以电子邮件的内容应当简明扼要，不要多写啰嗦的话。

电子邮件不要滥发。对商界人士来讲，一封对自己没有丝毫用处的邮件，删除的动作也很费时间和精力。有人说："在商务交往中要尊重一个人，首先就要懂得替他节省时间。"如果是一封可有可无的电子邮件，那就不要发给任何与此事无关的人，工作时间发送电子邮件，不要与对方谈天说地。

在商务环境中，收到他人的重要电子邮件后，要即刻回复对方，这是电子商务的基本礼仪。

慎重选择电子邮件的功能。电子邮件的功能形形色色，字体、信纸、签名……这些功能固然可以强化电子邮件的个人特色，但是此类功能商界人士需要谨慎使用，打开一封太花哨的电子邮件会比开一封简单的邮件需要的时间长很多，而且商界人士也没有精力和闲心看你邮件中那些漂亮的信纸。

重要的电子邮件在发出的同时要通知收件人。尽量在发邮件以前得到对方的允许或者至少让他知道有邮件过来，否则对方很可能会把你的邮件和其他垃圾邮件一起删除。

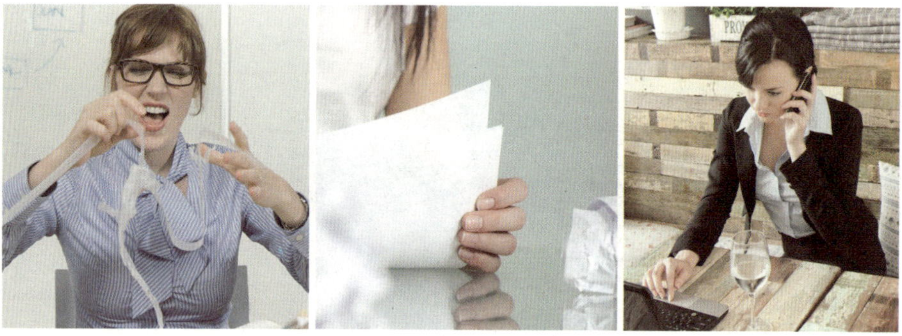

收发邮件也要讲究礼仪

不要发送私人或者机密邮件：即使你选择“永久删除”，许多软件和网络服务仍然可以访问硬盘上备份的信息。在你发送以前，假设一下，如果老板看到这封信会发生什么情况。

小心使用附件、抄送功能。很多公司在招聘的时候特地说明，简历不要在附件中发送。同样内容的电子邮件，打开正文再打开附件所用的时间是普通邮件的两倍还多。另外，如果是重要的邮件，不要使用抄送功能，抄送邮件不会引起收件人足够的重视。

收发邮件也要讲究礼仪，如果不想让自己的邮件被对方删除，那就要留意邮件的细节：

1. 群发邮件。在很多人的意识里，群发邮件等于垃圾邮件。所以如果不是公告性质的邮件，千万不要群发。

2. 花里胡哨的模版。接收者需要看的是你的邮件内容，不是你的模版。邮件的形态只要清晰美观就可以了，不要把邮件装扮成夸张恶俗的样子。

3. 随意使用邮件过滤功能。有的杀毒软件有自动过滤垃圾邮件的功能，如果你的收件箱里有这样一封邮件：“XX 提示：此邮件可能是垃圾邮件。”这样一封邮件要不要打开？而如果恰巧这封邮件就是上司发来的重要资料呢？

行走职场，成败得失皆取决于态度

日常工作

·行走职场

行走职场，成败得失皆取决于态度，在态度驱使之下的工作和交往才能带你走到更远、更高的地方，基于积极态度之上的同事关系才更和谐、更高效。

有一家外企在筛选简历时，要求把信封上印有原公司名字的简历在第一轮淘汰。原因很简单，将公司业务交往用的信函挪为私用，本身就是一件不光彩的行为。这是对原单位的不尊重，也是应聘者对自身行为的不负责任，同时还暴露了应聘者个人的一点贪小便宜的心理。

如果你在人力资源部门工作，收到这样的一份简历：信封是他第一家工作单位的，信纸是第二家的，纸上漂亮的彩色打印效果很不错，只是在每页的右下角都打印有他所在第三家公司的标记。你会怎样看待那个发出简历的人呢？这样做并不能证明他的履历的真实性，相反，这样一份简历，把他的职业态度和对待公用财物的态度都展示给了招聘单位。由此也可以大胆地推断，应聘者是一个为小事计较、不尊重单位、粗枝大叶的人。

和同级同事相处，要坚守如下几点原则：

在与同事合作完成的工作中，如果出现了差错，无论差错出现的原因和严重程度如何，都要首先考虑是不是自己做错了。如果是自己工作闪失所致，要主动、积极地承担责任，并且想办法补救。如果自己真的一点过失都没有，那么就要站在同事的角度思考一下处理方案，要体验到同事的感受。

1. 小气的同事不受欢迎。同事相处要大方一点。同级同事的薪水不相上下，在这种情况下，同事之间下班后的小型聚会要争取参加，并且轮到你埋单的时候不要犹豫。如果哪位同事真的有难处向你借钱，而恰好你手上又有余钱，那就爽快地答应。如果大方真的让你很心疼，如果自己的财政赤字已经很严重，那就要向大方的方向努力，即使不能真的大方，也要“装作”很大方。

2. 用《武林外传》中李大嘴的话说，和同事相处要“低调，低调”。初入职场的人往往犯这样的错误，以为自己只要业务熟练，工作成绩出众，就可以趾高气扬、所向无敌。其实不然，如果你在成绩的光环下一再高调出场，那么在竞聘的投票中很可能就会输给某一位资历较深，业绩不如你的老员工。不要歧视单位里的临时工，很可能在其他同事和领导的眼中你还不如一个干了几年的临时工呢。

3. 同事往往是同一战线上的，也是最了解彼此的，那么在同事做出成绩的时候，就不要吝惜你的喝彩声。夸奖对所有人都是有杀伤力的，只要你所夸奖的角度正确、

和同级同事相处

尺度适中。如果同事的上一个策划案有你欣赏的亮点，或者有你没想到的创意，那就不要吝惜你的夸奖，当众把对这个策划案的赞赏表达出来吧！

永远不要和一个同事说另一个同事的坏话。因为话是会长翅膀的，就算你再相信这个同事，就算那个同事的行为再让你恶心，也不要用这种危险的方式抱怨。如果一个同事不在场，当着其他人的面一定要说他的好话。如果有人在你面前说另一个同事的坏话时，你要微笑，同时要沉默。

到了新单位，不要奢望自己在三天内就融入一个新的圈子里去。资历较深的同事，如果觉得你合适，到了一定时间，一定会吸纳你做他们中的一员。这样才能找到属于你自己的那个圈子。

不要发生办公室恋情，如果实在避免不了，那就在办公室避免和他（她）有任何形式的身体接触，包括眼神。

和上级或资历较深的同事相处，也要有一些基本原则：

和年纪大的同事沟通，要在称呼上定位自己。嘴巴要甜一点，被亲切地叫哥的同事一般不会拒绝你的一些小请求。

忍耐是人生的必修课，也是职场的重要社交准则。所有人都会遭受领导劈头盖脸、捕风捉影的批评，如果你明天还想来这个单位上班，即便错误确实不是出在你的身上，也需要一定的忍耐。

待上以敬。不要炫耀你和上级领导的私交，永远记得你需要学习，你的领导无论态度如何，都能从他身上学到东西。

职场上的一些错误是致命的，往往只做错一次，需要花费两年甚至更长的时间来补救：

1. 办公室恋情。不要在办公室里寻找心仪的人，尤其不要找你的领导。

2. 同事之间的长舌妇。不要面对 A 说 B 的不是，也不要把 A 对 B 的那些挖苦转达给 B。

3. 越级。有了问题要向自己的直接领导汇报，不能兀自找领导的领导，也不能未向直接领导申请为别的部门领导做事情。

4. 跟同事借钱，并且不还。借钱本来就是一件需要谨慎操作的事情，同事毕竟不同于朋友，跟同事的金钱往来要慎之又慎。

5. 挪用公家财物。同事都会看在眼里，小到单位的信封也不应该留为私用。

办公室里的一言一行都不能有闪失

· 在办公室

办公室消耗了我们生命近一半的时间，办公室也是我们养家糊口、完善自我、施展才华、与外界交流的宝贵空间，所以在办公室里的一言一行都不能有闪失。

一位海外客商到某公司商谈合资办厂事宜。公司经理准备了烟茶水果在会客室专门等候客商的到来。客商进公司大门后，迎候在门厅的经理秘书和客商握过手，说："我们经理在上面（指二楼会客室），他叫你去。"客商一听，当即一愣：他叫我去？我又不是他的下属，凭什么叫我？于是这客商转身拂袖而去，临走丢下这样一句话："贵公司如有合作诚意，叫你们经理到我住的宾馆去谈吧。"如果那位秘书不说"叫"，而说"请"，肯定不会让这笔生意无疾而终。

办公室的一言一行，都关系到整个公司的形象，作为集体的一分子，良好的社交礼仪能让个体更好地发挥自己的才华和能力，也能让整个单位的运作和发展趋于协调。

办公室的一言一行，都关系到整个公司的形象

出入办公室，衣着是个人礼仪很重要的部分。无论是男士还是女士，风格上精明强干的打扮比较合适。女士需要特别留意的是，办公室里不宜穿着露、透、短的衣服，也不能让自己呈现一派逛街时的休闲形象，更不能让内衣若隐若现。女士还要留意不能戴太夸张的首饰，太长或太大的耳环、手链，会影响你在办公室正常的工作和交际，还会把你精明强干的一面掩饰掉。

与同事的交谈要有礼貌。关系再亲密的同事也不同于亲人或朋友，尤其是在办公室这个特殊场合，对上司和同事们都要有礼貌，不能由于大家天天见面就将基本的礼仪和常用的问候语省略掉。在办公室或走廊里碰到同事，要经常使用“您好”“早”之类的问候语，这些问候对每个人来说都很平常，不过如果某一天对某一个人没有这样一句普通的问候，可能就会影响到同事之间的关系。不管怎样，与人为善这一点在办公室里要时刻铭记。同事之间不能称兄道弟或乱叫外号，对上司别忘了用“先生”或其职务来称呼。

男士尽量不要在办公室里吸烟，女士不要当众表演自己擅长的化妆技术，也不要把化妆镜、化妆品等摆在办公桌的明显位置。如很想吸烟或需要化妆，则应去专用的吸烟室或化妆间。若附近没有这类场所，则只好借助于洗手间。在办公室里不要吃零食，尤其不要吃泡面、榴莲等味道浓重的食品，谁也不愿意在弥漫着鲜虾泡面味的空气里工作。

办公时间不要频繁离开办公桌，看书看报、吃零食、打瞌睡一定会引起上司的不满。私人电话接起来没完没了会招致同事们的白眼，坐在桌前将整个腿翘上去的样子

也很难看。同样的道理，要避免口衔香烟四处游荡，不要与同事谈论薪水、职务的升降或他人隐私。遇到麻烦事，要首先报告给顶头上司，切莫越级上告。如果有幸遇到一位外国老板，在他面前打同事们的小报告，会被看做不务正业的人，弄不好会搞丢自己的饭碗。

去别的办公室拜访一般需要事先联系，准时赴约，经过许可，方可入内。在别人的办公室里不能随便脱下外套，也不要随意解扣子、卷袖子、松腰带。未经同意，不要将衣服、公文包放到别人办公室的桌子和椅子上。此外，在别的办公室停留的时间不宜太久，初次造访以 20 分钟左右为准。

要爱护办公室里的公共设施。单位里的一切公共设施都是为了方便大家的工作设置的，打电话、发传真、复印等要注意爱护办公室里的物品。给好友拨个电话聊聊近况本无可厚非，只是别在办公室里唠家常，这样做无疑会影响他人工作，同时又暴露了你的个人隐私。同样的道理，如果遇到两位同事私下谈话，你也不要停下手中的工作，伸长两只耳朵仔细地听。别人打电话的时候，最好不要两眼紧盯打电话的人，全神贯注地听人家电话里说什么，这会使你的形象大打折扣。

对同事的客人也要热情。无论是谁的朋友踏进你的办公室的门,就是你们的客人，而你就是主人。如果遇到同事的朋友或客人，要表示必要的热情和礼貌，不能三言两语把客人打发走，更不能不加理睬。如果有事需要转达给未在场的同事，一定要事无巨细地记录下来，并且等同事回来一一向他说明。这样做才能保证你的朋友或客户不会受到同事的冷落。

如果你置个人形象于不顾，也不打算在现在的公司里有一番作为，更不怕同事的白眼，那么下面这些事情你倒可以尝试着做一两件：

1. 在办公室里化妆、吃零食、把自己的办公桌布置得像工艺品铺。
2. 对领导不理不睬，或者对领导过分卑躬屈膝。
3. 穿镂空吊带款式的衣服在办公室里走来走去。
4. 和异性同事打闹、讲荤笑话，或者有暧昧暗示。
5. 男性在办公室里释放自己的汗脚气味。
6. 损坏公共设施。

出差前，重要物品不要遗漏

· 出差

出差是一份苦差事，不过正因为出差会接触不一样的世界和不一样的人，出差也正是一个考验人的修养和礼仪的机会。

出差往往不是一个人，如果身边有别的同事，要时刻有与同事合作的意识，遇事要与同事多交流，也要互相照顾。

祁悦和两位年龄比她小的同事肖金和罗又铭出差。一路上她表现得既热情主动，又慷慨大方，还不失女性的细致与周到，处处照顾肖金、罗又铭。从订票、订酒店到联系展位都由她一手操办。在整个展会期间，祁悦也表现得很活跃，变换讲着流利的汉语和纯熟的英语，迎进送出每一位进入展位的客人，陪客户们吃饭、聊天、打台球、玩保龄球。那次出差的两个月后，业绩斐然的祁悦被破格提拔为营销企划主管。之后又遇到出差的机会，她想与上次合作愉快的两位男同事一起去，他们却借故推托了。其实是她的热心给另外两位同事带来了精神压力。在工作中精明强干点没错，但她应该注意不要让自己的光芒掩盖了同事们，特别是自尊心强的男同事。

工作这样努力的祁悦，在出差这件事情上反而没有讨到好，一方面跟同事的关系

疏远了，另一方面又没有给领导一个满意的结果。所以在出差的特殊场合，要对自己的行为和态度格外留意，不能给同行的同事压力，更不能唯我独尊地只顾自我表现。

如果是与异性同事同行，最好不要谈论或涉及私生活。

有一段时间里，共同出差的王博和黄庭一起开会、一起吃饭、一起通宵赶报表，相处十分亲密。出差结束的前一天，他们总算有了片刻的空闲，黄庭建议到当地最繁华的购物中心采购。几条街逛下来，黄庭就收集了几大袋稀奇古怪的商品，都由王博拎着。黄庭想想自己和王博一起出差的这段日子里，王博一直对她很照顾，她也免不了在心里拿自己的丈夫同王博相比，这么一比不要紧，自然是越比越失望，越比越觉得自己的婚姻索然无味。因为黄庭的内心活动在行动上有所流露，两人出差回到单位后，再见面总是别别扭扭的，王博也有主动疏远她的意思。

有人戏言出差的情境下很容易发生一夜情，因为出差的心境和风景都很新鲜，人也会自然地在出差的旅途中有放松的心态。不过出差不同于旅行，应该时刻把工作放在首要位置上，不能让某些私人感情干扰了工作，更不能与异性同事交流太多的私人感情。不过，出差的过程中还要和同事保持正常的交流，不能孤芳自赏。

适时调整自己的精神状态

出差过程中会涉及住宾馆、就餐、乘车等一些细节，在这些出差细节上也不能马虎，要时刻展现自己的大方形象。

1. 在入住宾馆时，洗发膏、牙刷、肥皂、信封、信纸之类的小物品可以带走，但要注意有些物品是有偿使用的。如果在他乡遇到旧友，那么在宾馆会客的时间不宜太长，还要注意交谈的音量，不要影响到同行的其他同事休息。

2. 为了最大限度地减轻负担，出差不要带太多的东西。如果你只有一次正式的会面，那么你就只需要带一身套装就足够了。此外，出行的箱包选择很重要，建议你选择那种里面有一个专门放置西装的分隔层的滚轮行李箱。

第四章　涉外礼仪

Foreign-related etiquette

西方人面对别人的优点，会直白地赞扬，但是中国人讲究含蓄，“谦受益”是我们在交往中坚持的原则。当西方人夸奖一位中国朋友时，中国人表现出来的“谦虚”往往让直白的西方人难以理解。

在国外使用Visa卡更方便

中外礼仪差异

·中外礼仪差异

美国的成人教育家卡耐基认为，一个人事业上的成功，只有15%是由于他的专业技术，另外的85%要靠人际关系、处世技巧。我们也可以用最简单的一条标准来审视人的能力，即交际圈子的大小。个体的成长会让社交范围扩大到外校、外区、外市、外省乃至外国，我们的俗语云，“十里不同风，百里不同俗”，十里百里尚且如此，更何况千里之外，漂洋过海。在涉外交往的懵懂阶段，对本民族文化的固守和固执带我们闯进了一些常见的误区。

Wickey是东北大学的一名留学生，她刚刚来到中国的时候，有一件事情困扰她很久。每当她夸奖身边的中国同学的时候，回答她的总是诚惶诚恐的推辞与反驳。比方说，她跟好朋友筱燕说：“你的英语说得挺棒的。”对方并不喜形于色，而是赶忙回答“不,不。”后来和中国朋友接触久了,才明白过来,这是中国人对待夸奖的传统习惯,筱燕回答“不”，并不代表自己英语说得不好，而是谦虚地接受。

西方人喜欢发现别人的优点，并且习惯于直白地表达他们的看法

西方人喜欢发现别人的优点，并且习惯于直白地表达他们的看法。但是中国人讲究含蓄，“谦受益”是我们在交往中坚持的原则，也就是说，当一位国际友人夸奖一位中国朋友时，中国朋友表现出来的“谦虚”往往让直白的西方人难以理解。在西方人的期望中，受到夸奖应该说“谢谢”，而在中国人的习惯中，对待夸奖应该略作推辞。文化的差异在涉外交往中容易产生一些小误会。有一些观念上的国际差别看似小事，在社交场合却容易演变成大事，在涉外交往中一定不能犯忌：

1. 冷漠与热情。

在传统的观念中，涉外交往要保持一定的距离，尤其是与尊重个人空间的欧洲人交往。不过距离并不代表冷漠，积极、热情，在必要的时候伸出援手，是西方社会推崇的，也是涉外交往中必要的心态。

《读者》中讲了这样一个故事：王女士是西安的大学老师，多年来患有一种疾病，一旦劳累，就会突然产生晕眩，已经记不清多少次，她在大街上走着走着就感到天旋地转，不得不蹲下来，以防跌倒。而每当这时，行人在她身边走过，没有人停下来搀扶或者问候，甚至很少有脚步在她的身边迟疑。后来王女士到瑞士伯尔尼大学参加交

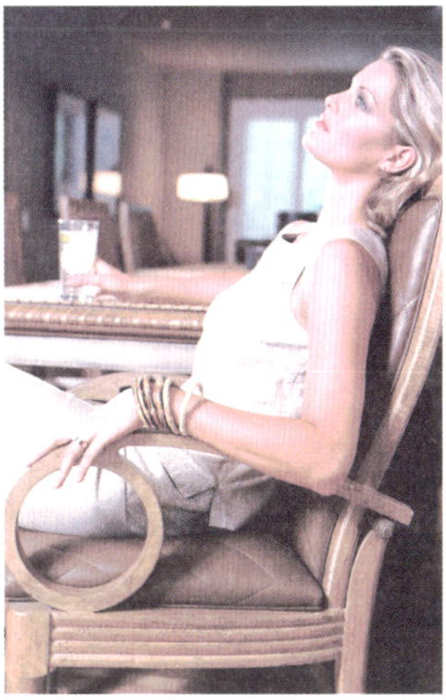

冷漠是交往的大忌

流活动，走在大街上又一次感到晕眩，这时立刻有年轻人快步走到她身边，关切地问她是否需要帮忙。接连有七八位路人都走上前来询问："太太，您需要帮忙吗？"

冷漠是交往的大忌，在涉外交往中尤其是。我能体会王女士的感受，矜持和恭敬有礼远不及异域土地上陌生人一句关切的问候。

2. 位之尊卑。

关于位置的排序问题，中国人的传统观念是"以左为尊"，但在涉外交往中，国际上通用的尊卑位置是"以右为尊"。在涉外交往中，并排站立、行走或者就座时，为了表示礼貌，主人应该主动居左，而请客人居右。男士应该主动居左，请女士居右。职位、身份较低者应该主动居左，而请职位、身份较高者居右。

3. 守信与爽约。

我们一直引以为傲的是"一言九鼎""言而有信"的传统人格。信守约定在涉外交往中也是一条重要原则，而且在涉外交往中，守信礼仪中最重要的一条就是守时。

如果约定的会面时间是下午 2:00，应该保证提前 5 分钟到达约定地点，并且不要在 2:00 前打电话催促对方，如果因为客观原因迟到了，在约定时间打电话作简单解释，并且告知自己将在多长时间之后到达。

尽可能避免更改已有的约定。如果因不可抗力难以履行承诺，应事先通知对方，并在事后向对方如实解释，郑重道歉，如果自己的失言给对方造成了损失，应主动承担责任。

4. 问候的方式。

中国人相识的方式多种多样，见面的问候也显得随意很多。曾经有一位讲授社交礼仪的老师戏言，中国人传统的问候方式句句涉及人的隐私。他举例子说，有的时候他走在路上，要做一件不太想让熟人知道的事——这种情形相信每个人都遇到过。看见他的人会热情地打招呼："哟！谭老师，干什么去呀？"或者"最近在忙什么呀？"还有熟人随意地问："吃了吗？"如果他回答："吃过了。"甚至对方还会接着问道："吃的什么呀？"其实熟人并不真的想知道你匆忙地走在路上到底是去做什么、最近在忙什么，对你上顿饭吃了什么更不感兴趣。但是对方问了，总要回答的，回答的时候自然要在头脑中措辞，在短时间内作出回答就成了一件并不容易的事。

我们自己尚且如此，如果这样问候一位外国人，相信他一定会摸不着头脑。

问候致意是见面礼节的一部分，要领也很简单。通常情况下，问候要面带微笑，神态大方地正视对方，以清晰爽朗的声音表示问候。问候的话也很简单："欢迎您。""很高兴见到您。""希望您在这里过得愉快。"还有"好久不见，您好吗？"这样的问候才不会给对方带来负担。

信守约定是重要原则

每个国家的民俗都各有不同

涉外交往误区

有位英国作家曾经称赞周总理是位十分富有魅力的领导人。基辛格也称周恩来“难能可贵地既具有敏锐的机智又具有个人的魅力”。周总理之所以具有这种吸引千百万人的“魅力”，当然首先源自他高尚的品德、卓越的思想和才华，以及他对于自己的人民和国际社会所作的杰出贡献。同时，他的风度、气质，以及他的仪表和言谈举止，也无不给世人留下难以忘怀的记忆。周总理双目炯炯有神，仪表堂堂正正，他风度翩翩，英俊过人。更为重要的是，在对外活动的场合总是彬彬有礼。

在有各国使节参加的社交场合，他总要到使节们面前，同他们一一举杯致意。当他举怀时，总是目视对方，表现出对人的尊重；当他同你紧紧握手的时候，总会使你感到一股亲切友好的暖流。

随着人们自身的成长和交际圈子的扩大，见到老外已经不是什么新鲜事，与国际友人打交道的机会也越来越多，不过我们习惯与身边的人接触，习惯用传统思维与人交往，对异域风俗、国际礼仪以及西方文化都所知不深，想要像周总理那样游刃有余地进行涉外交际，需要一定的磨炼，也需要改正一些思维定势。认识到涉外交往的误区，才能逐渐学会与不同肤色的人交往。

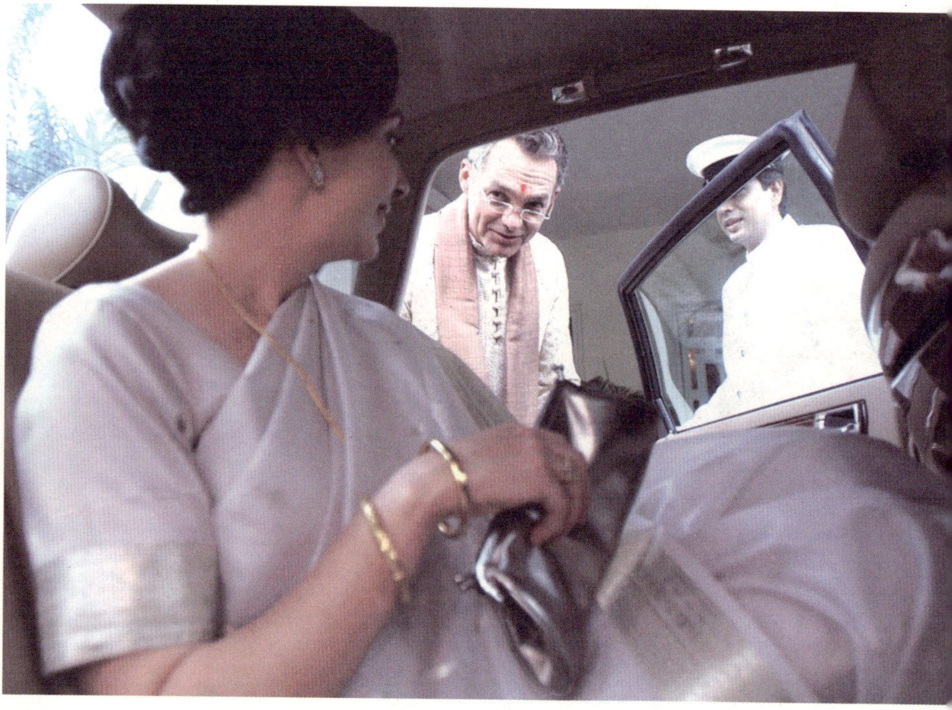

在国际交往之中，人们普遍对交往对象的个人形象倍加关注

误区之一：忽视个人形象。

在国际交往中，人们普遍对交往对象的个人形象倍加关注，并且都十分重视用得体的方式塑造、维护自己的个人形象。我们习惯把自己打扮得很漂亮，却很少考虑在什么样的场合需要打扮成哪一种漂亮。而在社交场合中，个人形象代表了很多东西：你的个人教养和品位、你的精神风貌与生活态度。你对待交往对象所重视的程度、以及你的单位的整体形象。更重要的是，当你面对国际友人的时候，你的个人形象，往往还代表着你所属国家、所属民族的形象。

得体的个人形象包括仪容、表情、举止、谈吐以及待人接物的态度。

误区之二：卑躬屈膝。

在我很小的时候，爸爸出差回来，指着天安门广场的照片说："在这里有时候能看见很多外国人。"那件事情的记忆很深刻，我跑到隔壁小朋友家，炫耀地对他说我爸看到很多外国人，朋友问我外国人都长得什么样，我就开始绘声绘色地瞎编，反正印象里大力水手就是个外国人嘛。直到如今，还是会对白色皮肤或棕色皮肤的人产生好奇，不过这种好奇并非遥不可及，只是我们需要了解更多他们的文化、他们的知识体系、他们的交往原则以及他们的生活方式。

很简单的道理：我们在他们的眼里也是外国人。所以不要把自己摆在更低的位置，更不能卑躬屈膝，只要抱着平等的、友好的心态交往就好。当然，我们要维护国家利益和民族尊严，同时也不要表现得自大狂傲，放肆嚣张。

误区之三：盲目排他。

涉外交往中我们面临的一个很关键的问题就是应当如何对待中外礼仪与习俗的差异性。所谓入乡随俗，在我们的国家里，招待国际友人就应该以我们自己的礼仪为主，即在涉外交往中，依旧基本上采用本国礼仪。当然，因为生活习惯和文化的不同，还要照顾到对方的感受，也应该适当地采用一些交往对象所在国现行的礼仪。在涉外交往中，必定会存在一些冲突和差异，为了减少麻烦，避免误会，最为可行的做法，是既尊重对方的礼仪与习俗，也要遵守国际礼仪惯例。

误区之四：言而无信。

在一切正式的国际交往中，都必须认真而严格地遵守自己的所有承诺。说话务必要算数，承诺一定要兑现，约会必须要如约而至。在一切有关时间的约定之中，尤其需要恪守不怠。

误区之五：侵犯隐私。

在中国的街谈巷议中，家长里短是常聊的话题，话题的主人公也不会暴跳如雷，这就是我们自己的文化。可是在涉外交往中，不能拿人家的家事或隐私当做谈资，否则会被视为极其无礼的行为。

涉外交往中不要对对方的收入支出、年龄大小、恋爱婚姻、身体状况、家庭住址、个人经历以及信仰政见等私人信息过分关注。当然，如果你和他是很亲密的朋友，彼此有很深的了解，那自然另当别论。

在美国，私用汽车里驾驶座旁边的座位才是上座

各国特殊礼仪

· 美国：漠视阶级的自由民族

很重视阶级地位的人来到美国，或许觉得美国并不特别尊敬显要人物。美国人向人鞠躬致敬，不会因对方的身份地位不同而特别殷勤，会多鞠几个躬；不论在家或搭乘汽车，美国人通常不会要求贵宾坐上特定的座位；无论社会地位多高的人，也会喜欢被对方直呼名字，他们认为这样的称呼更亲切。凡此种种，在美国，礼让的情形很少，你所能见到的礼让情形，可能是请吃饭的时候，让贵宾坐在主人或女主人的右面。

在某些国家里，汽车后座是上座。但在美国，私用汽车里驾驶座旁边的座位才是上座，一半是因为司机往往就是主人自己，另一半是因为坐上前面那个座位，可以清晰地看到车外的景象。

和美国人谈话如果跟他站得太近，对方会觉得不舒服。他们最合意的距离是 50 厘米左右。美国人不喜欢沉默，他们会侃侃而谈，以免谈话中止，连片刻的中止都会令他们不舒服。假若你很久没有做声，美国人就会尽量设法让你加入谈论。美国人在交谈中还有另一个习惯，就是在说话的过程中往往会加上各种各样的手势。手势在其他方面也能起到沟通的作用，比方说，他们在谈天的时候，可能拍拍对方的肩膀，以示友好，或者轻拍小孩的脑袋，以示亲爱。

法国人爱好社交，善于交际

· 法国：对他们的姗姗来迟要有准备

法国人爱好社交，善于交际。对于法国人来说社交是人生的重要内容，没有社交活动的生活是难以想象的。法国人骨子里的诙谐幽默使他们的交际更广泛，所以他们善于雄辩和高谈阔论，好开玩笑，讨厌不爱讲话的人，对愁眉苦脸者难以接受。此外，法国人渴求自由，纪律较差。在世界上法国人是最著名的“自由主义者”。他们虽然讲究法制，但是一般纪律较差，不大喜欢集体行动。与法国人打交道，约会必须事先约定，并且准时赴约，但是也要对他们可能的姗姗来迟事先有所准备。

在人际交往之中，法国人对礼物十分看重，但又有其特别的讲究。送给法国人的礼物应具有艺术品味和纪念意义，不宜把刀、剑、剪子、餐具或是带有明显的广告标志的物品当做礼物。男士向一般关系的女士赠送香水，也是不合适的，香水是赠送给妻子或女朋友的。在接受礼品时，法国人会当众打开包装，并当面对赠送者表示感谢，否则就很无礼。

· 德国：严谨认真，深刻敏锐

德国人一般早晨起得比较早，早晨七点左右，大街上就已熙熙攘攘了，人们忙着购买食品。他们还比较注意购置家居用品、布置家居以及享受衣着形象带来的美感。德国人对工作一丝不苟，在社交场合也举止庄重，讲究风度。德国妇女的特点是素雅，这不光是体现在穿着打扮上，也体现在言谈举止上。

德国商人的礼俗，宜穿着背心三件式西服。在德国，上午 10 时前，下午 4 时后，不宜约会洽谈。与德国人交谈要尽量说德语，其实德国的商人多半会说一些英语，但使用德语会令其很高兴。

德国商人不愿浪费时间，所以宜先熟悉问题，单刀直入。如果你受邀到德国人家中做客，通常宜带鲜花去，鲜花是送女主人的最好礼物，但必须要单数，5 朵或 7 朵即可。如果你带了葡萄酒去，那主人会认为你怀疑主人选酒的品味。德国人时刻有国家意识和大局意识，他们视浪费为“罪恶”，讨厌凡事浪费的人，所以一般人都没有奢侈的习惯，与德国人相处，务必遵守这个习惯，才能跟他们打成一片。

德国人对工作严肃认真，思考总是深刻敏锐。德国人的时间观念很强。因此，一旦约定时间，迟到或过早抵达都被视为不懂礼貌。他们在谈判时态度明朗，谈生意时一般使用商业名片。德国不但货物品质好，服务质量也属上乘。

德国人一般早晨起得比较早

· 澳大利亚：视保护野生动物为天职

澳大利亚人最喜爱的动物是袋鼠与琴鸟。前者被澳大利亚人视做澳洲大陆上最早的主人，后者则是澳大利亚的国鸟。在澳大利亚人眼里，兔子是一种不吉利的动物。他们认为，碰到了兔子，是厄运降临的预兆。受基督教的影响，澳大利亚人对于“13”与“星期五”普遍反感。

在人际交往中，爱好娱乐的澳大利亚往往有邀请友人一同外出游玩的习惯，他们认为这是使双方关系密切的捷径之一。对此类邀请予以拒绝，会被他们理解成不给面子。澳大利亚人崇尚人道主义和博爱精神，在社会生活中，他们乐于保护弱者。除了保护老人、妇女、孩子、弱小种族之外，他们还讲究保护私生子的合法地位，甚至将保护动物看做是自己的天职。在澳大利亚，不要议论种族、宗教、工会和个人私生活之类的问题。

袋鼠已成为澳大利亚的象征

·西班牙：女士上街必须戴耳环

按照西班牙商人的商业习惯和礼俗，在正式场合要着西装，内穿白衬衫，打稍显正式的领带。在西班牙，赴晚宴或参观剧院的时候也不需要盛装出场。在这个国家里，商人和实物不可分离，只要有可能，客人应将产品的样品或者服务项目递送给或者介绍给主人。到西班牙做客的商人，在办公时间要穿黑色皮鞋，在日落之后，尤其注意不要穿棕色皮鞋，一定要穿黑色的鞋子，西班牙人历来喜欢黑色。

西班牙人是拉丁血统的人，性格开朗而纯朴，南北方有区别，北方的巴斯克人朴实而稳健，而南部的卡迈兰人，则因自古以来从事商业的关系，大多数是地地道道的商人。他们在经营方面，态度非常积极。谈判时，出面磋商的人也具备绝对的决定权，所以，商务谈判时必须派遣职务相当的人员前往，否则他们是不会予以理睬的。

西班牙人对饮食极为爱好和讲究，因此，在西班牙境内，一流的餐馆为数不少。这

热情纯朴的西班牙女郎

里的餐馆以“叉子”的数量多少分为高低五等。西班牙人只有在看斗牛时才准时到达。由于西班牙的气候温和，每天都有长时间的阳光，所以居民都不习惯早起，较其他欧洲国家的人起得更迟。

有一个细节必须留意，那就是西班牙的女人上街必须要戴耳环，如果没戴耳环，简直就像一个正常的人没有穿衣服一样，会被人笑话的。

·韩国：尊重长辈，尊重国家

韩国人崇尚儒教，尊重长者，长者进屋时大家都要起立，问候他们高寿。和长者谈话时要摘去墨镜。早晨起床和饭后都要向父母问安，父母外出回来，子女都要迎接。乘车时，要让位给老年人。吃饭时应先为老人或长辈盛饭上菜，老人动筷后，其他人才能吃。韩国公民对国旗、国歌、国花都很敬重。不但电台定时播出国歌，而且影剧院放映演出前也放国歌，观众须起立。外国人在上述场所如表现过分怠慢，会被认为是对韩国和他们民族的不敬。

韩国人见面时的传统礼节是鞠躬，晚辈、下级走路时遇到长辈或上级，应鞠躬、问候，站在一旁，让其先行，以示敬意。男人之间见面打招呼会互相鞠躬并握手，握手时或用双手，并且打招呼做点头动作只需点一次头。

韩国人用双手接礼物，但不会当着客人的面打开。不宜送外国香烟给韩国友人。酒是送韩国男人最好的礼品，但不能送酒给妇女，除非你说清楚这酒是送给她丈夫的。在赠送韩国人礼品时应注意，韩国男性多喜欢名牌纺织品、领带、打火机、电动剃须刀等。

韩国人崇尚儒教，尊重长者

女性喜欢化妆品、提包、手套、围巾类物品和厨房里用的调料。孩子则喜欢食品。如果送钱，应放在信封内。

在韩国，如有人邀请你到他家赴宴，你应带小礼品，最好挑选包装好的食品。席间敬酒时，要用右手拿酒瓶，左手托瓶底，然后鞠躬致祝辞，最后再倒酒，且要一连喝三杯。敬酒人应把自己的酒杯举得低一些，用自己杯子的杯沿去碰对方的杯身。在韩国人家里做客时，主人不会让你参观房子的全貌，不要自己到处逛。

· 日本：忌讳三人一起合影

日本人见面多以鞠躬为礼。一般人们相互之间是行 30 度和 45 度的鞠躬礼，鞠躬弯腰的深浅不同，表示的含义也不同，弯腰最低、也最有礼貌的鞠躬称为“最敬礼”。男性鞠躬时，两手自然下垂放在衣裤两侧。在国际交往中，日本人也习惯握手礼，尤其是年轻人或和欧美人接触较多的人，也开始有见面握手的习惯。

日本人无论在正式场合还是非正式场合，都很注重自己的衣着。在正式场合，男子和大多数中青年妇女都穿西服。男子穿西服通常都系领带。和服是日本的传统服装，其特点是一般由一块布料缝制而成。现在男子除一些特殊职业者外，在公共场所很少穿和服。日本妇女喜欢描眉，她们普遍爱画略有弯度的细眉，认为这种细眉最具现代女性的气质。日本人对装饰有狐狸、獾图案的东西甚为反感，因为狐狸和獾是贪婪的象征。所以在制作衣服的时候，日本人不会将类似图案印在上面。

到日本从事商务活动，宜选择在 2 月至 6 月或者 9 月至 11 月，其他时间当地人

日本人无论在正式场合还是非正式场合，都很注重自己的衣着

多休假或忙于过节。日本人在商务活动中很注意名片的作用，他们认为名片表明一个人的社会地位，因此总是随身携带。日本商人比较重视建立长期的合作伙伴关系。他们在商务谈判中十分注意维护对方的面子，同时希望对方也这样做。赠送礼品时，当地人非常注重阶层或等级，因此不要给他们赠送太昂贵的礼品，以免他们为此而误认为你的身份比他们高。

日本人不喜欢紫色，认为这是悲伤的色调；最忌讳绿色，认为是不祥之色。他们

按照古巴的商务礼俗，随时宜穿保守式样西装

还忌讳三人一起合影，认为中间的人被左右两人夹着，是不幸的预兆。

阿联酋有丰富的石油资源，是世界上最富有的国家之一

· 古巴：商务交往不送礼

按照古巴的商务礼俗，随时宜穿保守式样的西装。拜会政府机关时，必须先预约。居民大多数信奉天主教，宗教对他们的生活习惯有较大的影响，如：忌讳“13”这个数字，更不会在13日、星期五这一天举行娱乐活动。婴儿出生后要举行洗礼，并给其取教名。古巴有一个有趣的习俗，即在每年的新年除夕，按习惯每人必须要准备一碗清水，等午夜的时钟敲过12下后，每人就各自将准备的那碗清水泼到室外去，以表示去旧迎新。

和古巴商人打交道，你得有恒心、有毅力、有耐心，才做得成买卖。古巴官员对外国人还算友好，和古巴人交谈时，要避免谈及你所代表的公司的业务以外的事务。古巴人很擅长讨价还价，在商务交往中也一样，你报价之后他们会要求你打折扣，而且还价也很厉害。在古巴的商务交往中，不能给对方礼物——这被视为非法行为。

· 阿联酋：讨厌星星图案的衣服

阿联酋有丰富的石油资源，是世界上最富有的国家之一。在阿联酋做生意，你得谦虚有礼并有耐心，销售姿态务必要低。本地商人不喜欢与派驻本国的商务代表谈判，他们愿意直接和制造厂商打交道。

在阿联酋不要穿有星星图案的衣服。当地无论是商人，还是一般百姓，都很注重商品的品牌，如果看到商品不是他们想要的那个牌子，他们往往会在第一时间掉头就走。在阿联酋，千万别让人看见你带着酒类和裸体照片。伊斯兰教徒不吃猪肉、不饮酒，对他们来说，喝酒是直通罪恶之路。当地人喜爱棕色、深蓝色，禁忌粉红、黄、紫色。

· 菲律宾：要愉快、乐观，不能面无表情

在菲律宾，日常见面，无论男女都要握手，男人之间有时也拍肩膀。拜访商界或政府办公厅，宜穿保守式样西装，须事先约定时间，由秘书安排。菲律宾人的时间观念不很严格，但客人最好准时赴约。菲律宾人天性和蔼可亲，善于交际，作风大方，所以，工作后的应酬也很多。稍正式一点的宴请，请帖上会注明“必须穿着无尾礼服等正装”。这时，假如没有无尾礼服，便可以穿上当地的正装——香蕉纤维织成的“巴隆塔卡乐库”衬衣，任何宴请都适用。

菲律宾人的家庭观念很强，他们喜欢别人谈论他们的家庭。而且大多数菲律宾人都比较随和，无论何时何地，他们都显得愉快乐观，好像从不知道忧愁为何物。跟这些人打交道，你就不能“面无表情”，更不能“三缄其口”，在他们看来，这样的人肯定不怀好意，或是不愿意跟他们打交道。

愉快与乐观是菲律宾人的共性

一般拜访宜约在下午3点前的午餐时间

· 比利时：不大遵守交通规则的国家

比利时人比较稳重，但这一点在开车的时候很例外，在比利时的街道上，胡乱开车的人很多，马路上经常会遇到乱闯硬挤的车，在比利时要格外注意交通安全。

在比利时的社交场所和工作交往中，人们相见和离别时的习惯是握手。在比利时开展商务活动，必须了解不同民族的特殊性，有助于生意成功。商务活动中，宜穿三件套的保守式西装。拜访和洽谈都需要预约，最好是邀请对方于下午 1 时至 3 时之间午餐面谈。受邀到比利时人的家中进晚餐，宜先请花店送花去对方家中，然后抵达。送花时，千万别送菊花，对比利时人来说，菊花意味着死亡。

· 摩洛哥：拜访时应脱鞋

在摩洛哥的商务活动中要随时穿着保守式样的西装。与摩洛哥商人交易，一开始最好用现金，建立信用后，再改为其他付款方式。在商务会谈或商业招待中，外籍商人喜欢在饭店、夜总会聚餐，本国籍商人则喜欢邀你至家中就餐。在摩洛哥，进入伊

摩洛哥人习惯现金交易

斯兰教寺院一定得脱鞋，进入摩洛哥人的房间也应脱鞋——除非主人坚持要你不脱。这些都是有极重要的传统，不可忘记。

· 印度尼西亚：别问他们的姓名

与印尼商人打交道，应熟悉那里的风土人情，这对于双方顺利交易是很有帮助的。印尼是一个种族繁杂的国家，本国人的风俗习惯也千差万别，例如苏门答腊人通常喜欢睡在高地，而爪哇人却宁愿打地铺。印尼人一个显著的特点就是重深交，讲旧情，老朋友在一起可以推心置腹，若是一般交情的商人客户或朋友，虽然也客客气气，甚至谈得相当投机，那也只能是形式上的事，真正的心里话是不轻易被掏出来的。所以与印尼人交往，一两次见面是不能抱太大的希望，要着眼于将来，应把印尼商人当做你的朋友，充分体现出你的真诚，才能获得他的信赖。有一点特别需要注意，印尼人不喜欢别人问他的姓名。

印尼是一个种族繁杂的国家

· 叙利亚：奇趣的沐浴相亲

叙利亚人习惯和朋友以及其他客人同时讨论几个问题，对此，你不要感到奇怪。在叙利亚，当对方邀请你到当地咖啡店共饮咖啡时，千万不要拒绝。应邀到叙利亚人家里做客时，要带点礼物给对方，不过与他国礼仪不同的是，这个礼物是给男主人的，而不是给他的妻子的。

在叙利亚的首都大马士革，流行着一种在沐浴中相亲的习俗。当男子想要结婚时，男子的母亲便带他四处奔走，认真物色新娘人选。姑娘被初步看中后，男子的母亲便邀这位姑娘及其母亲在公共浴室相见，并一起洗浴聊天，经一番“面试”后再定下这门亲事。

· 葡萄牙：以家族为单位交往

热闹的街头民族舞

葡萄牙男人相见时热情拥抱并互拍肩膀，很熟的妇女相见时亲吻对方的双颊。葡萄牙人惯于社交，在相识之初，就会表现出一股亲密感来。在葡萄牙，对女人应特别有礼貌，这是一种社会风尚，故不可忽视。

在葡萄牙从事商业活动，见面或道别时的正式握手是十分重要的事。商务谈判时，你不宜试图施加压力，宜保守地提出生意条件。在葡萄牙，上流阶级的人才能上大学，较低一级公司的领导多毕业于职业学校，在经营方面，葡萄牙人的态度非常积极，同事之间工作之余的交际是有的，不过共进晚餐的机会则很少。更多的交往方式是以家族为单位的交往，这样的交往气氛也会显得更加热闹了。

·洪都拉斯：话题不要涉及政治

洪都拉斯的国语是西班牙语，在洪都拉斯，音乐非常流行，每逢节日，无论在农村还是城市，到处都可以看到歌舞的人群。

和洪都拉斯商人相处要注意，洪都拉斯人种复杂，人们对于政治兴趣高昂，再加上洪都拉斯与萨尔瓦多不合，话题尽量不要涉及两个国家的政治问题。如果需要和当地人谈判，往往需要比较多的时间，事前要作好计划和充分的准备，盲

洪都拉斯的国语是西班牙语

目从事会导致意外的失败。

·智利：看了围牛才真正了解智利

在智利，与销售有关的社交最好用西班牙语。与当地人相处，姿态宜低且谦虚，最忌盛气凌人。第一次访问智利的外国人常常会有一个误区，以为智利也属于热带气候，是个湿润、丛林密布的南美洲国家，而实际上，智利的景观与欧洲相似，所以你的衣着和行为只要与欧洲方式保持一致就不会出错。

智利人都喜欢牛，每逢盛大的节日都要举行围牛活动。围牛就是骑马把牛围起来，这是牧区长久的生产生活习惯产生的娱乐活动，起初是牧主为了把牲畜赶回畜栏，或把它们圈起来清点数目，后来渐渐演变为一种节日的庆典方式。来访智利的外国人都想看看围牛，有的人说："看了围牛才算真正了解智利。"

参考书目

《教养》 中国书籍出版社

《礼仪大学堂》 文汇出版社

《教你学礼仪》 当代世界出版社

《现代女性应该注意的 100 个礼仪细节》 哈尔滨出版社

《礼仪天下》 中国言实出版社

《优雅》 当代世界出版社

《日常交际礼仪淑女篇》 电子工业出版社

《日常交际礼仪绅士篇》 电子工业出版社